NEEDLE AND HANDMADE FELT

新装版

羊毛フェルト
基礎テクニックBOOK

BASIC TECHNIQUES

佐々木 伸子

河出書房新社

Contents

羊毛フェルトの基礎知識

羊毛フェルトとは？

手法として大きくふたつの作り方に分けられます。特殊な針を使う「ニードルフェルト」と、お湯と石けんを使う「ハンドメイドフェルト」です（中性洗剤を使う方法が一般的ですが、無添加石けんでもフェルト化します）。それぞれ、羊毛に熱や圧力、振動を与え、毛の表面を覆うキューティクルが絡み合い縮んで固まっていきます。これを「フェルト化」と言います。フェルト化するまではニードルもハンドメイドもそれなりの時間がかかりますが、それぞれの特徴を活かした様々な作品ができあがります。

ニードルフェルト＜Needle felt＞

針先に特殊な「かえし」のようなギザギザがある専用の針で、何度も羊毛をさしてフェルト化する手法です。人形や動物などの立体や、ベースとなるものに色や模様をつけることができます。携帯ストラップや人形など、小物を作るのに適しています。

ハンドメイドフェルト＜Handmade felt＞

羊毛を少しずつ並べ、お湯と石けんを使いなでながらフェルト化する手法です。コースターや座布団などのシート状のものや、縫い目が無いバッグやポーチなどの袋物を作るのに適しています。丁寧に、ゆっくり時間をかけて作るのがポイントです。

羊 毛 の 種 類

世界には300種以上の羊がいると言われています。どんな種類の羊毛でも時間をかければフェルト化しますが本書ではメリノ、ロムニー、シェトランド、コリデールというフェルト化しやすい羊毛を使用しています。色々な羊毛に挑戦してみましょう。

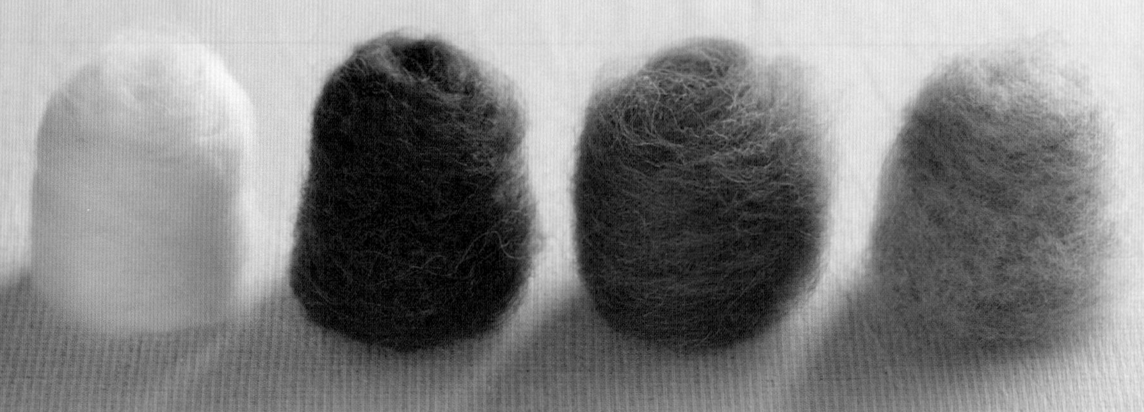

メリノ
＜Merino＞

羊毛のなかでも最もポピュラーな種類で毛糸やセーターなどに使われています。繊維が細くて柔らかく、なめらかな仕上がりに。フェルト化しやすくふたつの手法とも相性抜群です。

ロムニー
＜Romney＞

メリノに比べるとやや硬めですが、毛足が長く弾力もあり、マットなどある程度の強度を出したいものに適しています。フェルト化した表面はメリノよりも粗くなります。

シェトランド
＜Shetland＞

イギリスの北端に位置するシェトランド諸島に生息する羊の毛。上質で、ハリとコシ、光沢があり、それでいてメリノのように柔らかいのが特徴です。

コリデール
＜Corriedale＞

ロムニーとメリノの中間くらいの繊維。柔らかくてコシがあるので、帽子などの立体的な作品や、ハンドメイドフェルトにも適しています。

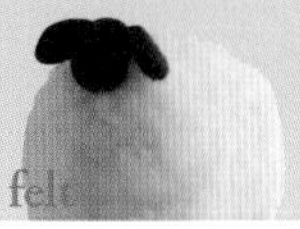

羊毛の状態

羊毛は毎年羊から刈り取られ、様々な工程を経て店頭に並びます。羊毛の処理状態により、フリース、スライバー、ロールなどと呼ばれています。本書では主にスライバーを用いています。

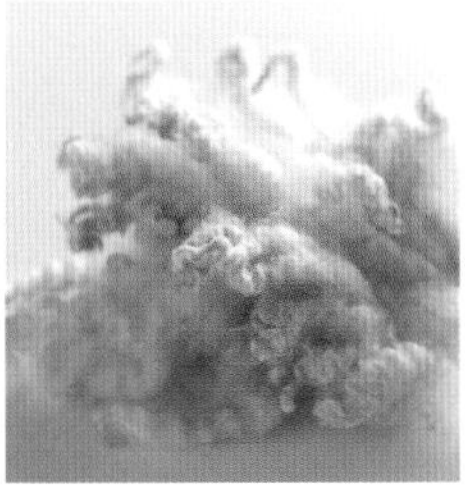

フリース

1頭分の羊の毛を刈り取った後、広げて、1枚の敷物のようにしたもの。

スライバー

毛についたゴミや汚れを取り除き、繊維がきれいに平行にそろったロープ状の羊毛。

ロール

洗った羊毛を布団綿のようにシート状にしたもの。

羊毛の扱い方

本書で使用している羊毛は、長い帯状になっているスライバーとロールです。
分ける時は以下のように扱いましょう。

スライバーをちぎる

1

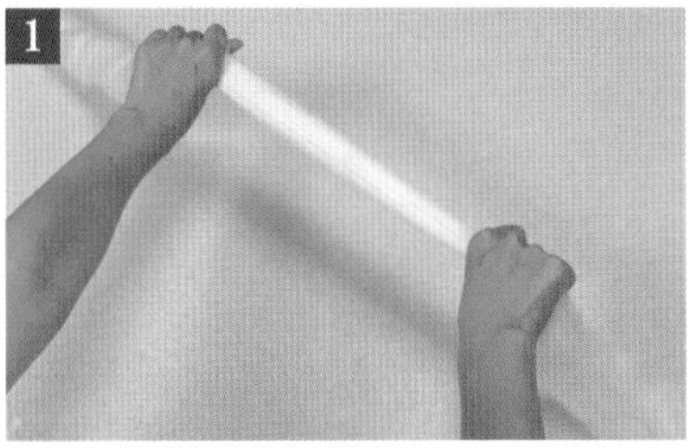

ちぎりたい部分を真ん中にして、両手で握り、なるべく遠くを持ちます。

2

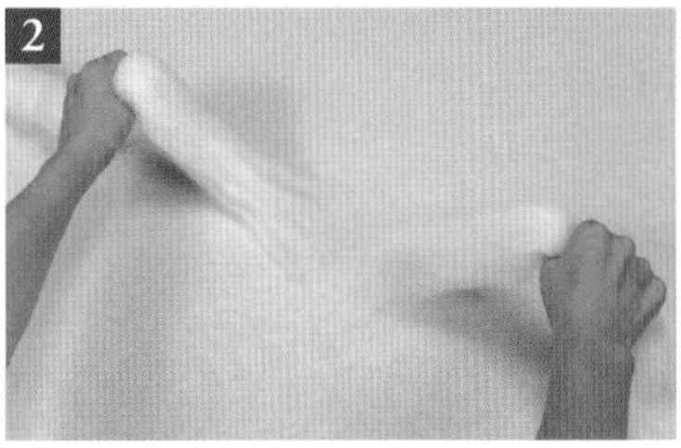

両方の手で引っ張ってちぎります(近くを持って引っ張ってもちぎれない)。

少量つまみ取る

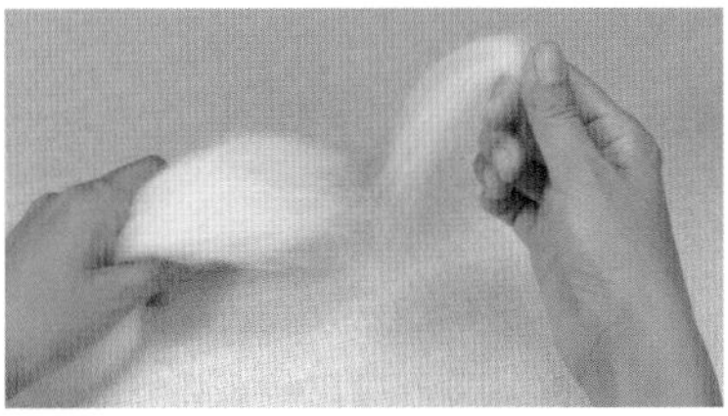

少量だけ必要な場合は、親指と人さし指でつまむようにして羊毛を引っ張ります。

縦に分割する

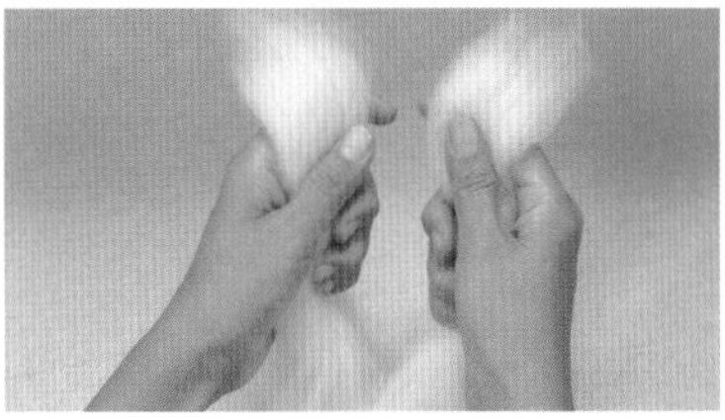

縦にさく場合は羊毛の毛の流れに沿って使う分だけ写真のように分割します。

※本書では作業効率を考え、ニードルフェルトテクニックでは○cm、ハンドメイドフェルトテクニックでは○gと表記を分けています。

羊毛の特性

羊毛はフワフワして温かいというだけでなく、はっ水性や吸湿性にすぐれ、空気を浄化する作用も持つ、いわば万能の繊維です。使う用途を考えて手作りすれば、羊毛フェルト作りも一味違ったものになるでしょう。

保存方法

羊毛やフェルト化した作品は、風通しがよく、湿気の無いところに保存してください。大量に羊毛がある場合は、なるべく綿の袋などに移し、風通しのよいところに保管しておきましょう。天然の防虫剤などを入れておくと虫食いの心配もありません。

クリーニング

羊毛フェルトで作った作品は、はっ水性があり、水分をこぼすと水滴になります。乾いた布でトントンと叩くように拭くと汚れません。汚れがついた場合は、ぬるま湯で優しく押し洗いをします。強い力がかかるとフェルト化が進み、縮んでしまうことがあるのでこすったりしないように注意しましょう。洗った後は軽く脱水をして、アイロンで形を整えてから乾かします。

フェルトの歴史

History of felt

　ハンドメイドフェルト（お湯と石けんでフェルト化）については古い伝説があります。
　フランスの僧が長い旅に出た際、足に痛みを感じ、通る道の枝や岩に絡まった羊毛を拾い集め、履物に敷き詰めて歩きました。数日後、目的地に着いた僧はその羊毛が履物の中でより合わされ、強く、丈夫で快適な生地になっていたのを発見した、という伝説です。
　フェルトは人類が革と毛皮の次に身体を包むものとしたもので、人間の手で作られたものとしては最古の生地であるということです。
　ニードルフェルト（特殊な針を使ってフェルト化）は、元々工業用不織布を作る際に工業用機械にセットされていた針を使った方法。それが個人の手作りとして使われだしたのはいつ頃からか不明。日本では10年程前から本などで紹介され始めました。

Needle felt technique
ニードルフェルト・テクニック

ニードルフェルトの基礎知識

必要な道具

ここでご紹介するのは、ニードルフェルトに必要な基本の道具です。現在、専用の道具がたくさん売られています。ニードルは、各メーカーや羊毛店でそれぞれ太さやギザギザ（バーブ）の数が違うので、自分に合ったものを探してみると楽しいでしょう。

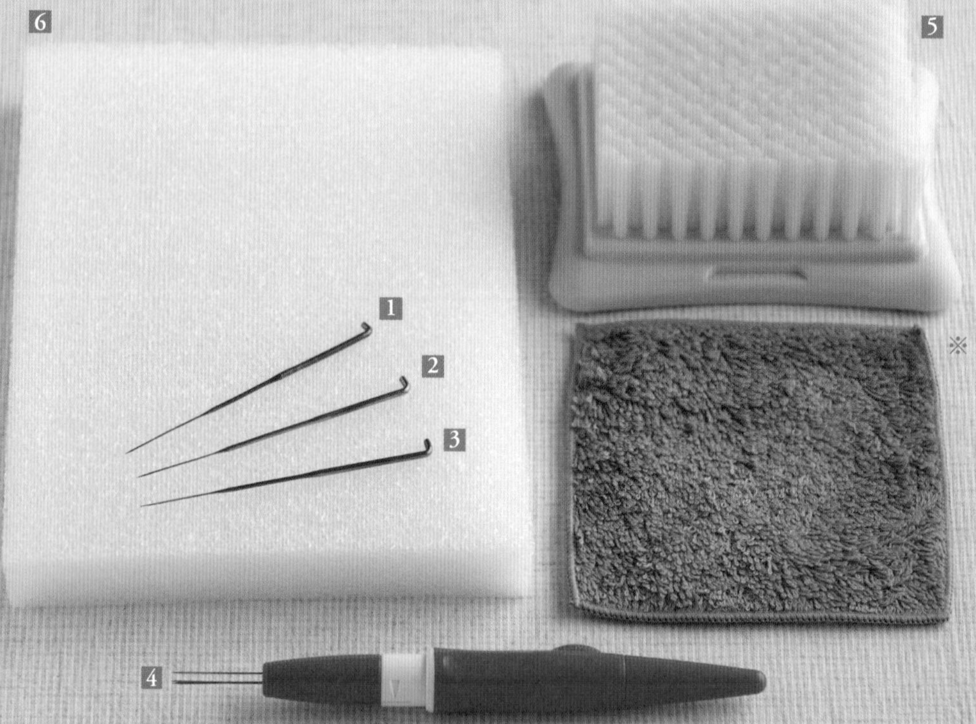

1 フェルティングニードル まとめ用（クロバー）
一番スタンダードな太さのニードルでフワフワの羊毛からさし固めて形を作っていく時に使います。

2 フェルティングニードル 仕上げ用（パオ極細）
仕上げに使う先の細いタイプ。作品の仕上げに全体にさしていくと、作品にできた針穴が目立たなくなります。

3 フェルティングニードル 太いニードル（パオ太針）
一番太い針で、へこみやラインをつける時などに使います。

4 ニードルホルダーペンタイプ（複数針）（クロバー）
３本のニードルが取りつけられます。大きな作品をスピーディーに固めたい時に使用します。また、取り外しが可能なので２本･1本でも使えます。

5 ブラシ台（クロバーアップリケパンチャー用マット）
作品をさし固める時に使用するフェルト専用のブラシ台。しっかり固める時に使います。※本書では、ブラシに羊毛が引っ張られるのを防ぐため、上に綿コースターを敷いています。

6 マット（ハマナカフェルティング用マット）
小さなパーツや袋物に羊毛をさす場合に重宝します。作りたいものに合わせてカットしてもOK。

これらのほかに必要なものはテクニックや作品に応じてご紹介します。

原　理

羊毛は、ニードルをさした方向に縮まります。先に刻まれたギザギザ（バーブ）に羊毛がひっかかり、繊維が上下に絡むことでフェルト化し、させばさす程、硬く、小さくなっていきます。

ポイント

羊毛を固める時は、ニードルを固まりの中心に向かって垂直にさして垂直に抜き、それを全体にまんべんなく繰り返します。作品にニードルをさしたまま垂直以外に動かすと、ニードルの先が折れてケガをすることもあり、危険です。注意して作業しましょう。

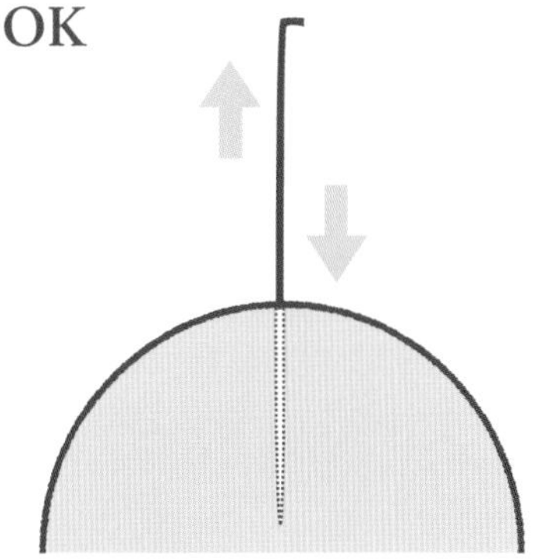

ニードルは垂直にさして垂直に抜きます。

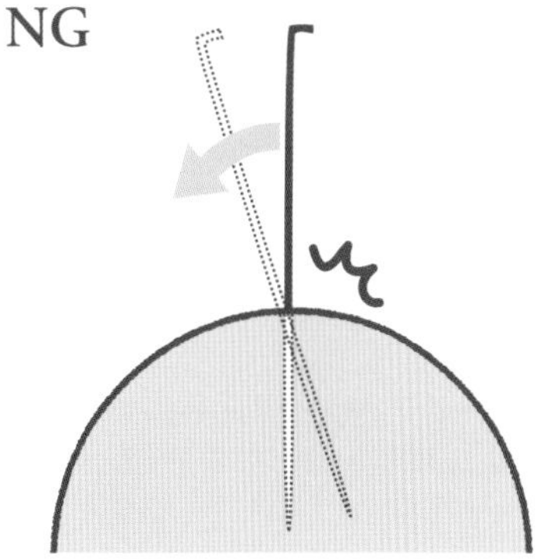

ニードルをフェルトにさしたまま、垂直以外に動かさないこと。

Needle felt technique 1-1

ボール・テクニック1

ニードルフェルトで作る立体のものは、ボールが基本の形となるものが多くあります。まずは基本のフェルトボールを"サクサク感"を感じながら作ってみましょう。

※P20、23、25、26、42、44、45の作品はこのテクニックを使っています。

基本のフェルトボール

1

羊毛をひとつまみ取り、きつく折りたたむように丸めていく。丸めた端の部分をまとめ用で2、3回さし、仮留めする。

2

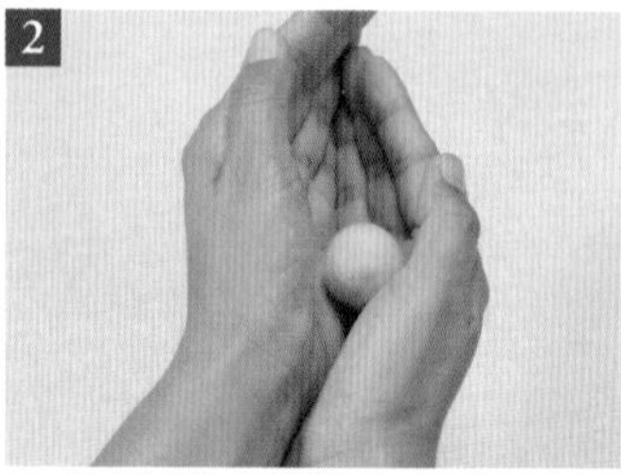

1 を手のひらでコロコロと丸める。

3

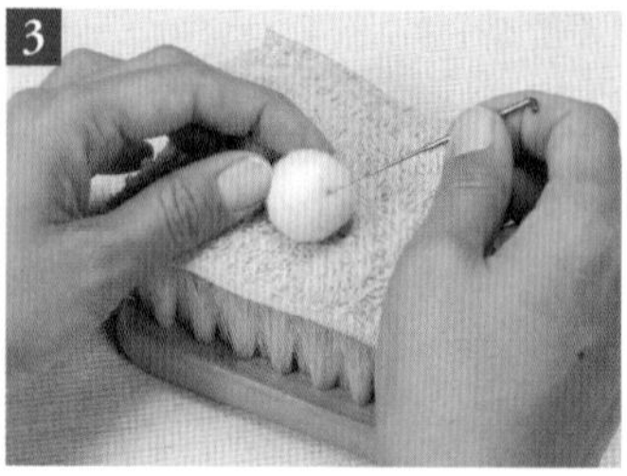

全体を色々な方向から垂直にさす。

4

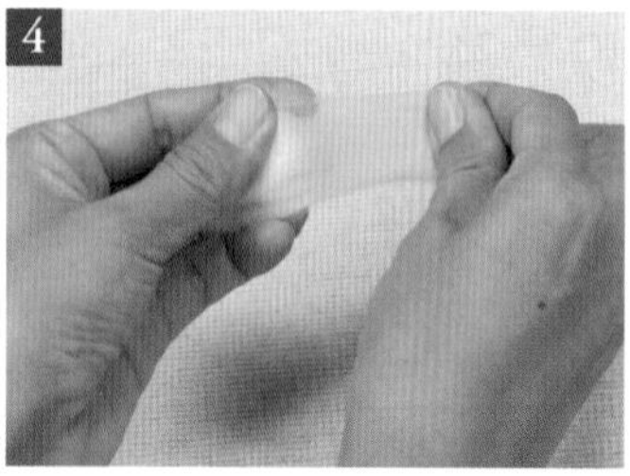

大きさが足りない場合は、適量の羊毛を 3 のボールにきつく巻きつけ、表面にフワッとした浮きがなくなるまで、転がしながらさし固める。

5

きれいなボールの形になったら、手のひらで丸めて形を整える。写真は形を整えたボール。

6

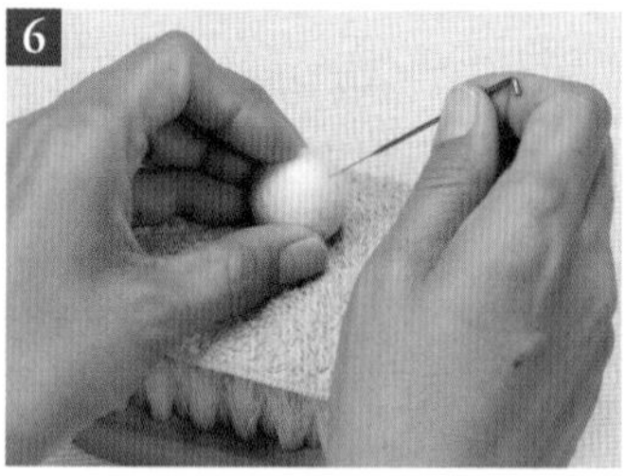

最後に仕上げ用で全体を転がしながらさして完成。

伸子先生のココがポイント！

ニードルフェルトの最後の仕上げは植毛(P19)以外、仕上げ用ニードルでさして仕上げます。まとめ用ニードルでできた針穴や、目立った線などを、時間をかけてまんべんなくさすことがポイント。そうすることで、針穴が目立たなくなり、硬くて丈夫、しかもきれいな作品にすることができます。

Needle felt technique 1-2

ボール・テクニック2

ひとことでフェルトボールと言っても、羊毛の種類や、使う色によって表情が違ってきます。ここでは、お湯と石けんを使うハンドメイドフェルトボールも作ってみましょう。

マーブルボール

様々な色を組み合わせて作るとマーブル模様のようなボールになります。

1

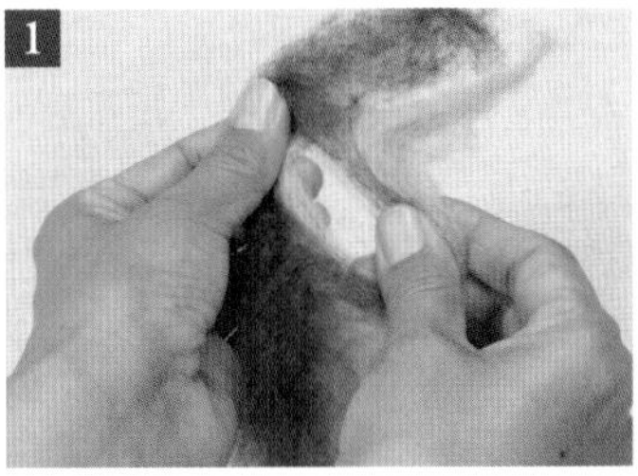

２色の羊毛を同量取り、軽く色を交ぜ合わせる。

2

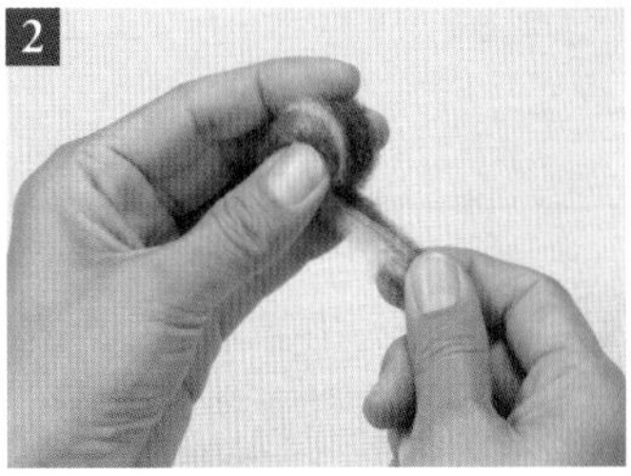

基本のフェルトボール(P10)の 1 からの手順で仕上げる。

フリースボール

フリースのクリンプ(羊毛にあるクルンと縮れている部分)を活かして作る、フワフワなボールです。

1

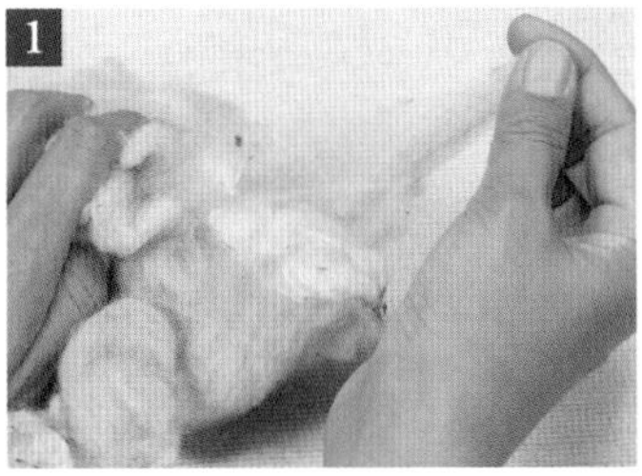

フリースからクリンプの束を、ひとつ抜き取る。

2

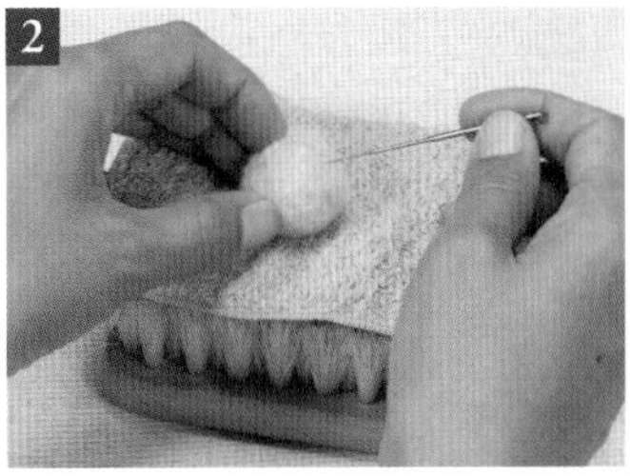

基本のフェルトボール(P10)の 1 からの手順で仕上げる。

ハンドメイドフェルトボール

ハンドメイドフェルト(P34)の方法で作る、表面がツルンとしたボールです。

1

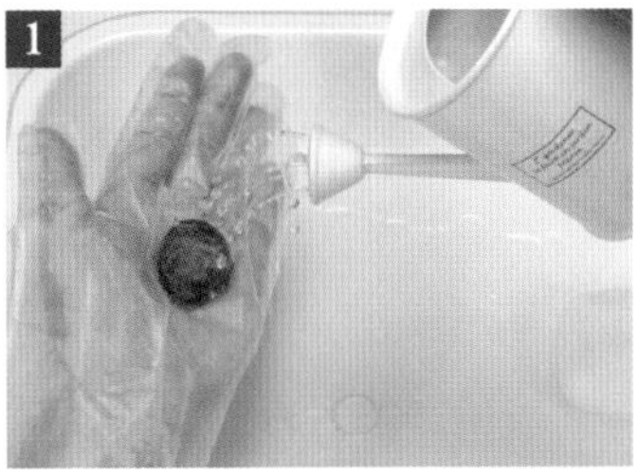

基本のフェルトボール(P10)の 1 2 を行い、お湯をかけて石けんをつけた手で軽くコロコロ転がす。

2

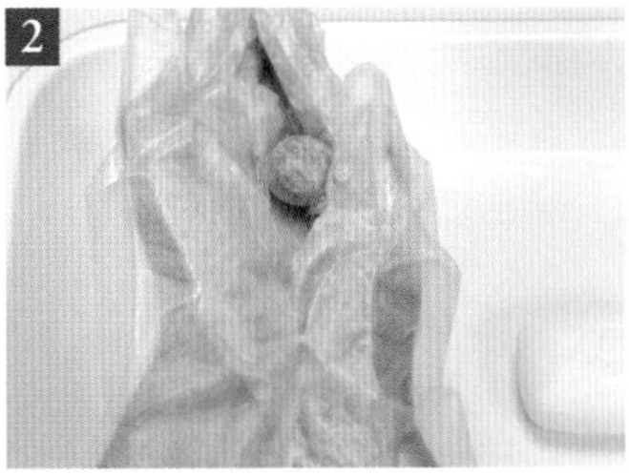

好みの大きさになるまで羊毛をきつく巻きつけ 1 を繰り返し、表面がなめらかになったら、水ですすいで干して完成。

Needle felt technique 2

凸(デコ)・テクニック

でっぱりを作るテクニックです。例えばラクダのコブ、犬の鼻、鳥のくちばし、顔のほっぺなどなど。でっぱりをつけた部分をきれいに仕上げる方法もご紹介します。

※P20、22、28、30、48の作品はこのテクニックを使っています。

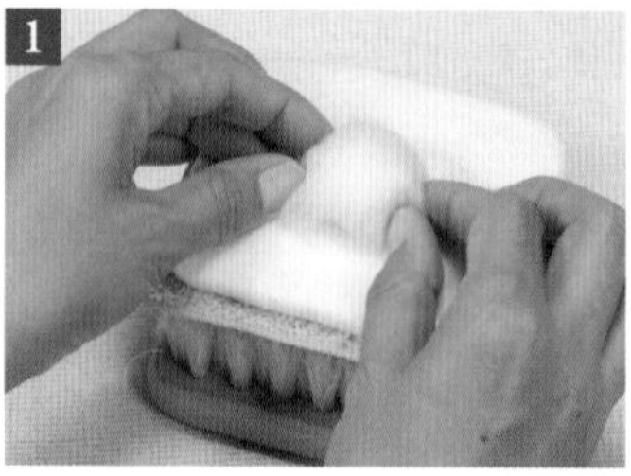

適量の羊毛を取り、でっぱりをつけたい部分に丸めて載せる。

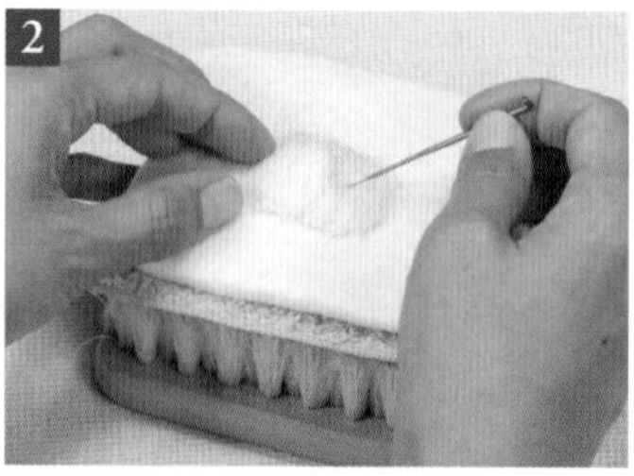

盛り上がった部分の形を整えるように、まとめ用で全体をまんべんなくさす。この時、ベースまで届くように深くさす。

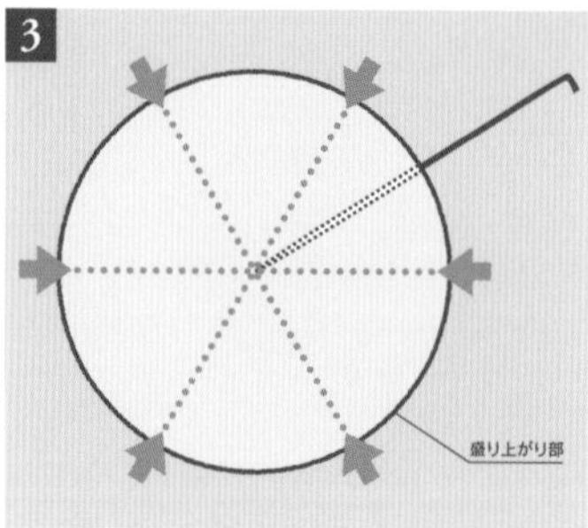

ベースと載せた羊毛との境目から中心に向かってさし、立体感を出しながら形を整える。

境目をきれいにみせる

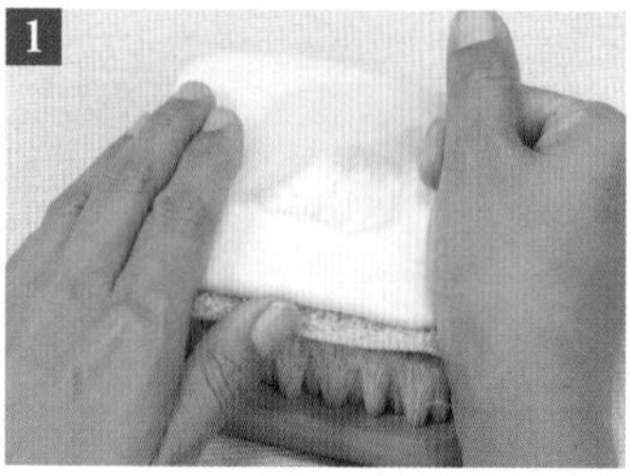

羊毛をごく薄くちぎる。でっぱり部分とベースとの境目を覆うように羊毛をかぶせ、まとめ用で全体をさす。

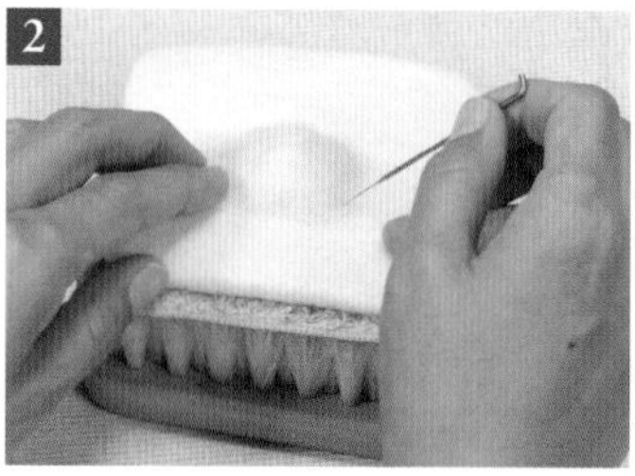

ある程度、ベースに羊毛が馴染んできたら仕上げ用で全体をまんべんなくさす。

伸子先生のココがポイント！

本書ではブラシ台の上で作業をする時、ブラシの上に綿のコースターを敷いています。これは、ブラシに毛が引っ張られるのを防ぐためです。布を一枚敷くことによって仕上がりがきれいになり、毛羽立ちも少なくなります。綿のコースターが無い場合は、ブラシ台の大きさに合わせた薄い布(麻など)を使うとよいでしょう。

Needle felt technique 3

凹(ボコ)・テクニック

くぼみやライン、谷を作るテクニックです。例えば、葉っぱの葉脈、人形の目などなど。色々な針を使い分けて、様々なくぼみを作ることができます。

※P20、25、28の作品はこのテクニックを使っています。

くぼみ

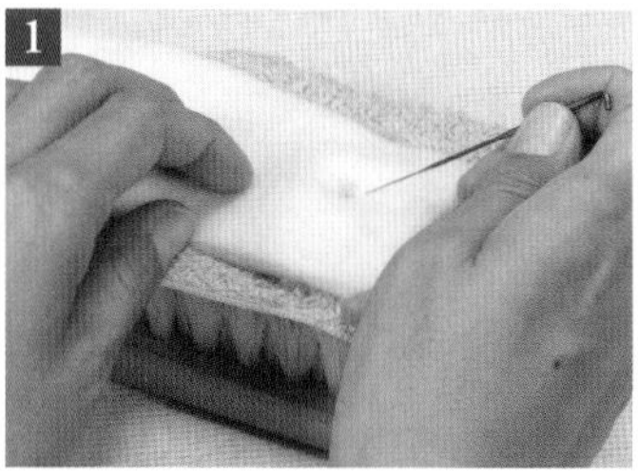

くぼませたい部分の中心から、まとめ用でさし、円を描くように広げていく。

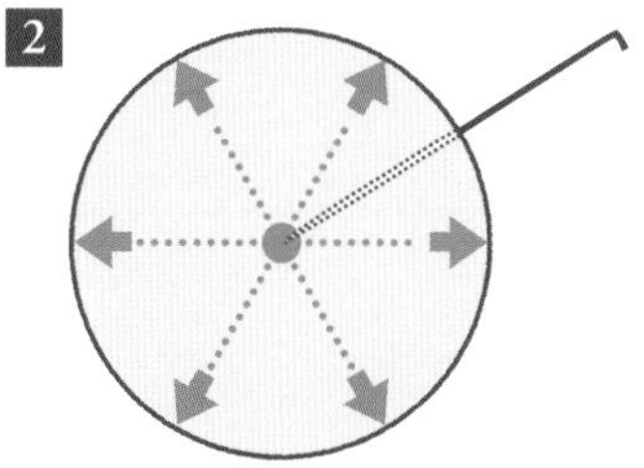

すり鉢状のくぼみは、中心を何度もさして深くし、中心から外に向かって穴を広げるようにさしていく。

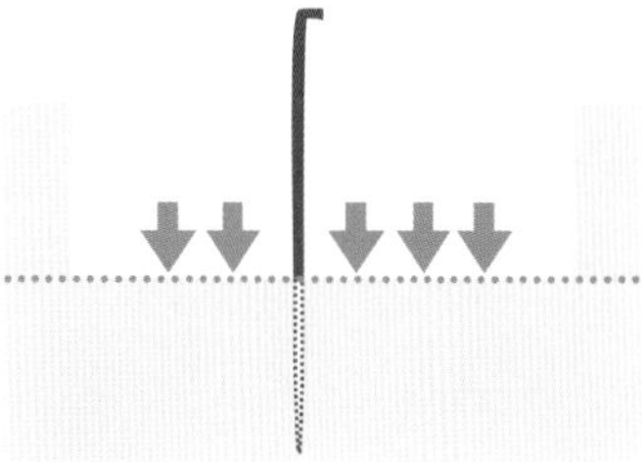

<<variation>>

くぼみを深くしたい場合は、底が平らになるよう何度もさす。

ライン

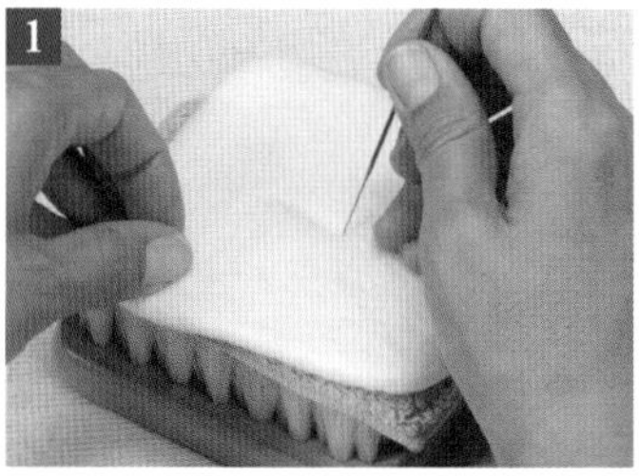

太いニードルで垂直に、深く、少しずつさす場所を進ませながらさしていく。

ラインをつけたい場所を何度か往復してさすと、はっきりしたラインになる。

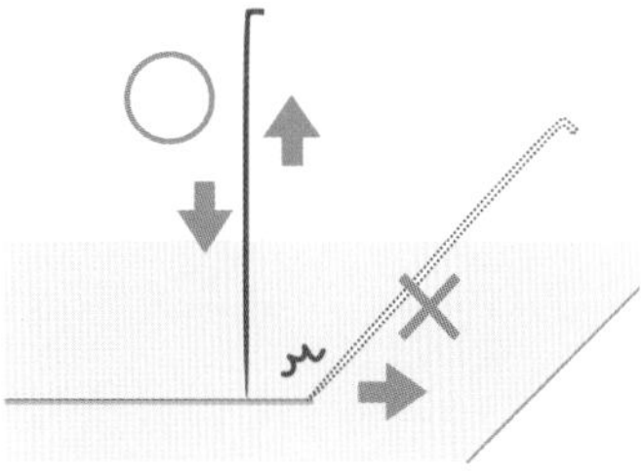

<attention>

ニードルの先をひきずるようにさしてしまうと、先が折れることがあるので要注意。

ギザギザ

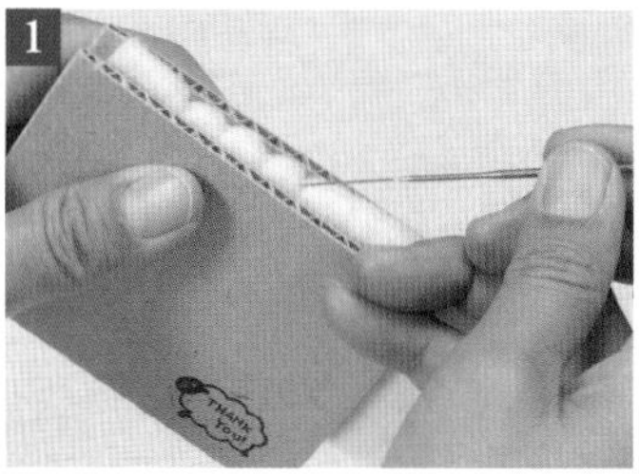

サンドイッチカード(P15)に羊毛を挟み、まとめ用で等間隔にさして、へこませていく。

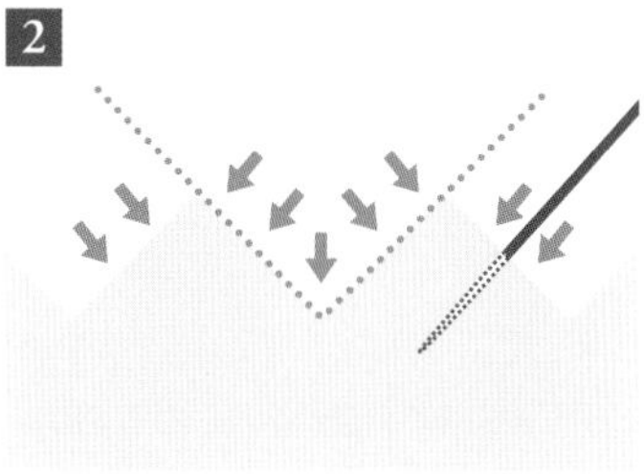

ニードルを斜めにしてVの字を作るようにさして角を作る。

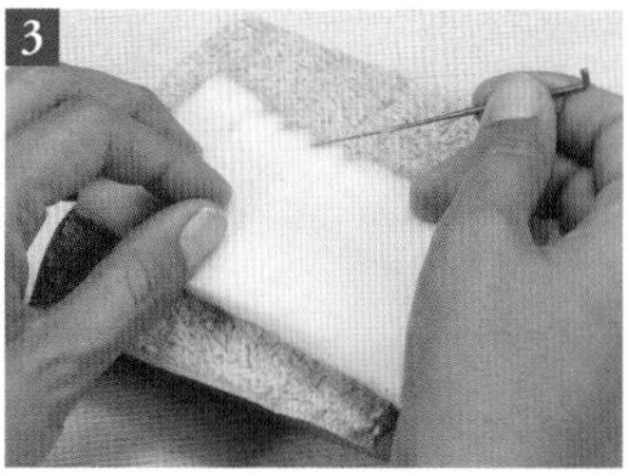

サンドイッチカードから羊毛を取り出し、全体のバランスをみながら形を整える。

Needle felt technique 4

模様・テクニック

ベースとなる羊毛フェルトに、ドットやラインなどの様々な模様をつけていくテクニックです。動物の柄やシルエット、ハートなどの模様もつけてみましょう。

※P20、21、22、24、28、30、48の作品はこのテクニックを使っています。

ドットをつける

1

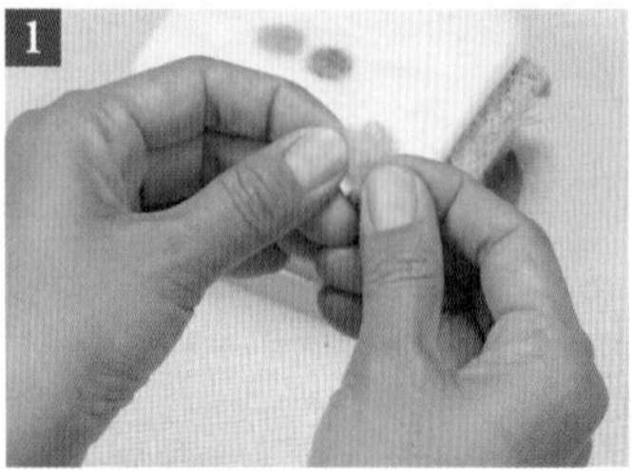

適量の羊毛を取り、指先で軽く丸める。

2

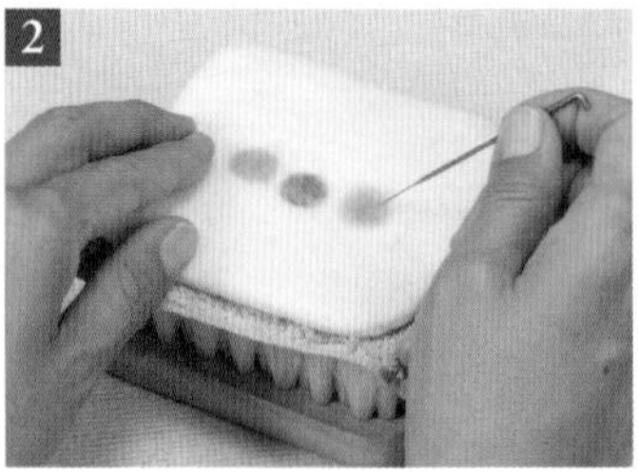

ベースに載せ、まとめ用で中心から外側にニードルを移動させながらさし、ベースに馴染ませるよう模様の輪郭もさす。

ラインをつける

1

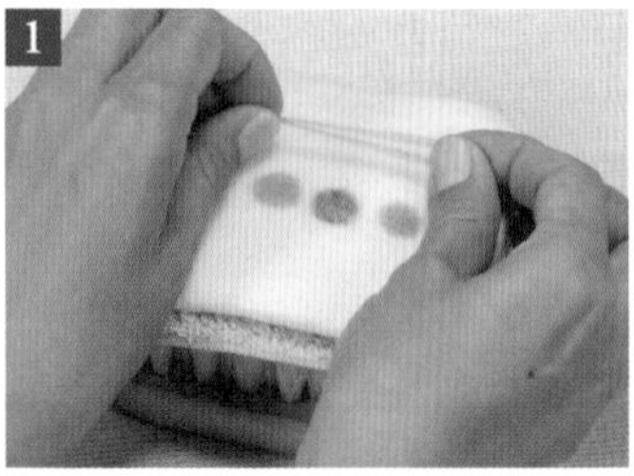

適量の羊毛を取り、半分に折る。

2

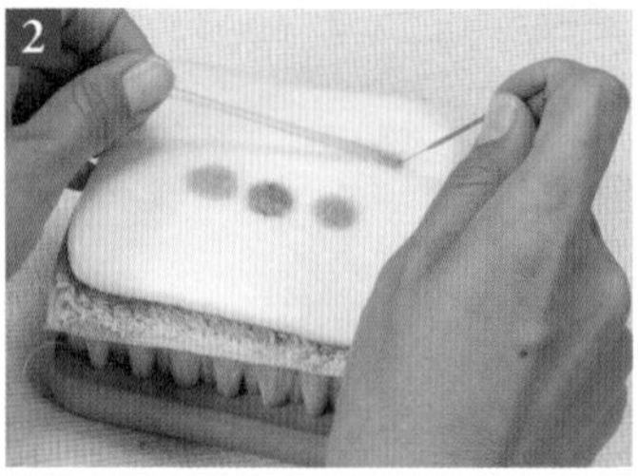

輪の中にまとめ用を入れ、深くさし込む。

3

羊毛をよりながらさしていく。太いラインをつけたい場合は、羊毛をよらずにそのままさしていけばOK。

<<variation>>

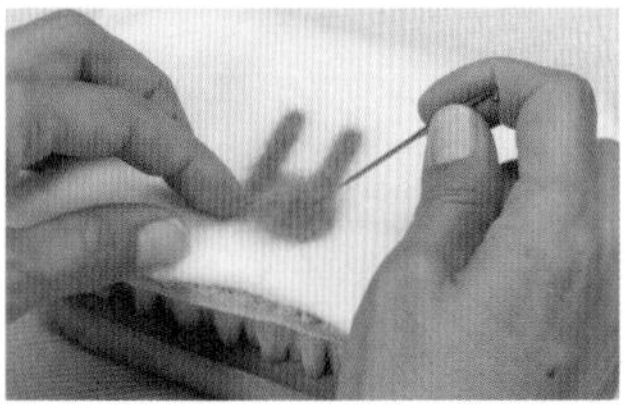

【色々な模様をつける】ドットをつける要領で羊毛を丸める。作りたいものをイメージしながら指先でおおまかに成形し、さしながら形を整えていく。

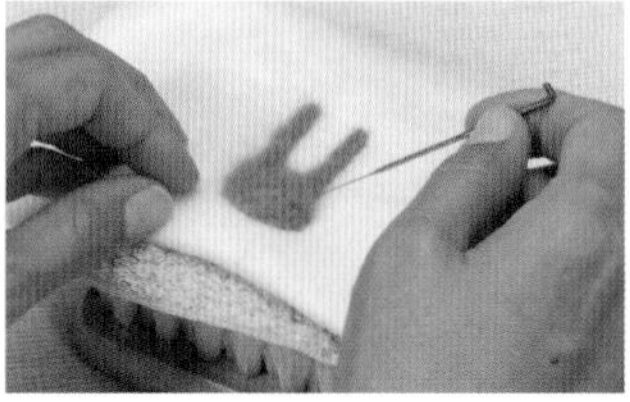

【模様に立体感を出す】模様の輪郭から中心に向かって羊毛を中へ入れ込むようにニードルを横に倒してさす。

【模様テクの裏側】フェルトシートに模様をさした時の裏側。模様に使った羊毛が出る。させばさす程、羊毛が裏に出るので注意。

Needle felt technique 5

サンドイッチカード・テクニック

動物の細い脚や尻尾などの細かいパーツを作るテクニックです。カードで羊毛を挟むことで、軽く圧がかかり、フェルト化しやすくなります。指をさす心配もありません。

※P21、28、30、48の作品はこのテクニックを使っています。

細長い棒を作る

1

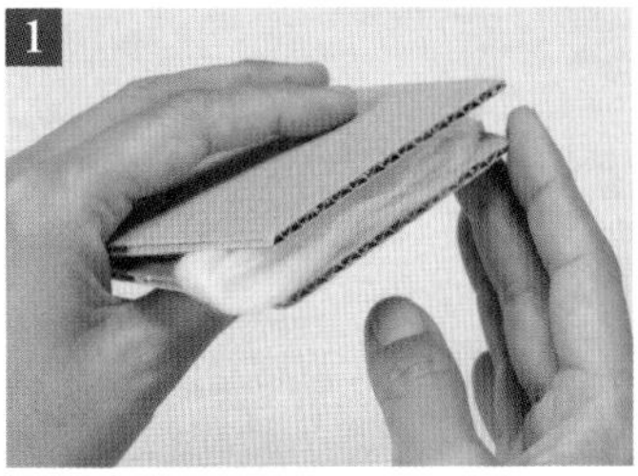

適量の羊毛をサンドイッチカードに挟む。

2

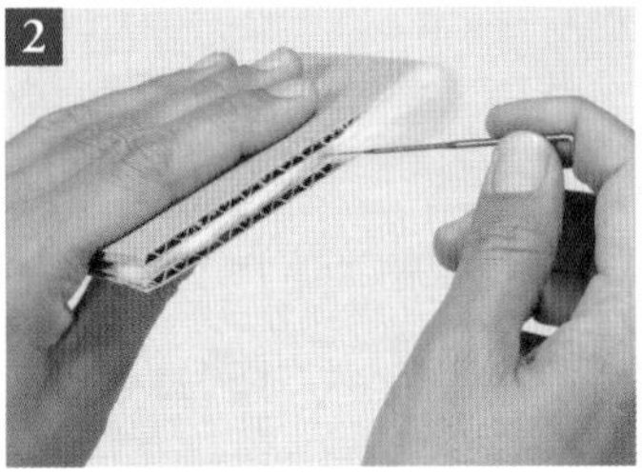

カードの間にまとめ用を入れ、先がカードから出ないように羊毛をさし固める。

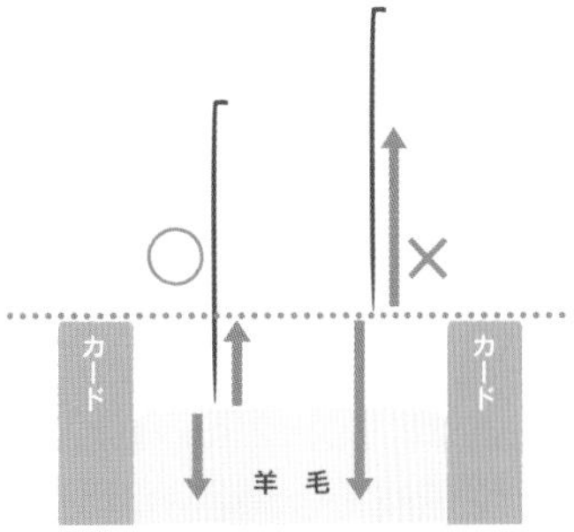

2 のカードの断面図。

3

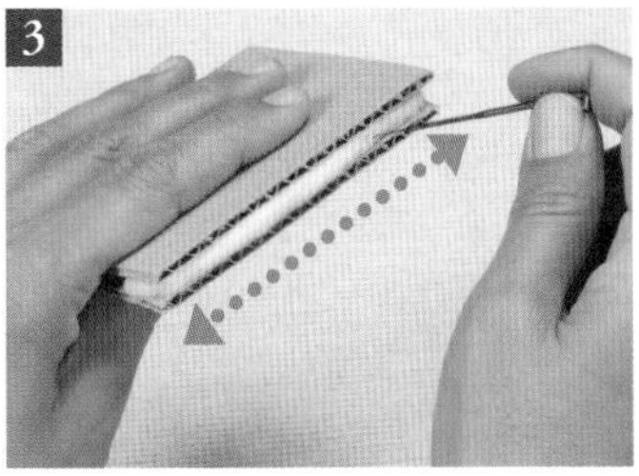

何度かさして羊毛がカードの中に入ったら、ニードルを往復させながら、全体をまんべんなくさす。

4

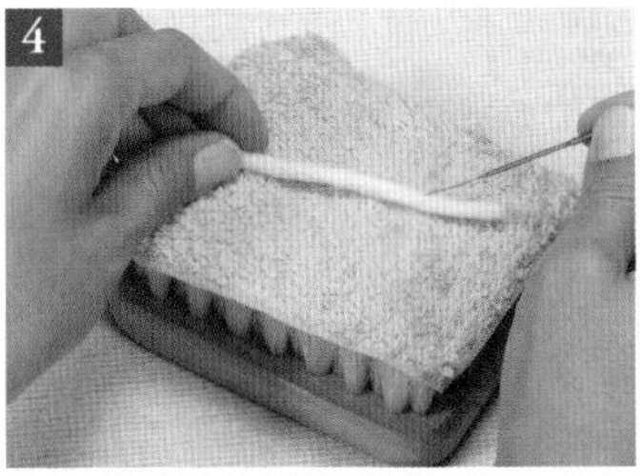

カードから取り出した羊毛を仕上げ用で、表面がなめらかになるまで全体をさす。

<<variation>>

動物の耳、小さな指のついた手や足などもこのテクニックできれいに作ることができます。

サンドイッチカードの作り方

1

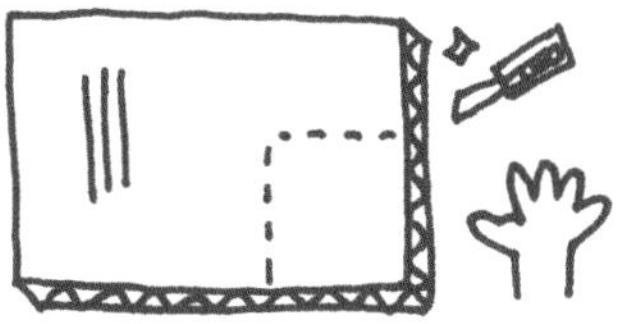

段ボールを手のひらの大きさに合わせてカット。厚さ2mm程度のものがベスト。

2

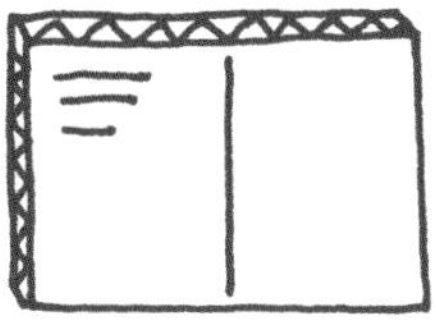

縦中心にカッターで薄く切れ目を入れる。

3

切れ目に沿って半分に折って完成。

※カードは、ご家庭にある段ボールで簡単に作れます。大きい作品を作りたい場合は、それに合わせてカードも大きく作ります。

Needle felt technique 6

クッキー・テクニック

クッキーカッターを使って形を作るテクニックです。ゆっくり、丁寧に作業すれば、指をささずに、安全にフェルトワークができるので、子供でもお母さんと一緒に楽しめます。

※P22、24、25の作品はこのテクニックを使っています。

1

クッキーカッターはフチが鋭くなっている方を下に置く。

2

羊毛を薄くちぎり、毛の繊維を縦に載せる。

3

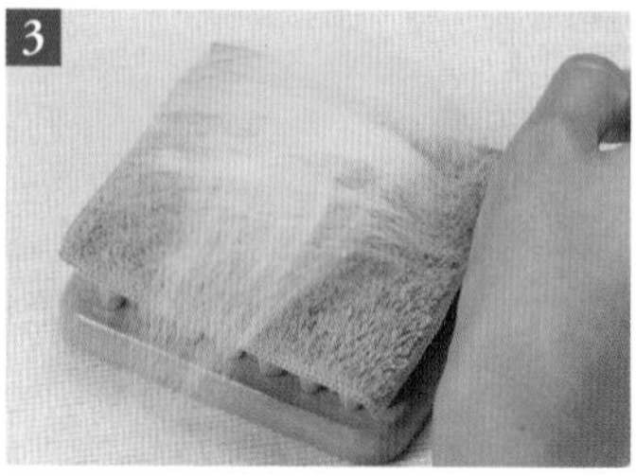

さらに毛の繊維を横にして載せる。縦と横で1層と数える。

4

2 3 の手順をもう2回繰り返し3層分の羊毛を載せる。写真は羊毛を3層載せたところ。

5

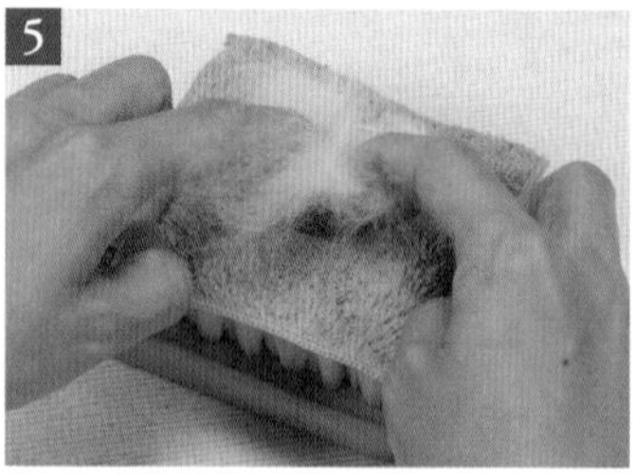

4 の羊毛をクッキー型の中に両方の人さし指で押し込む。

6

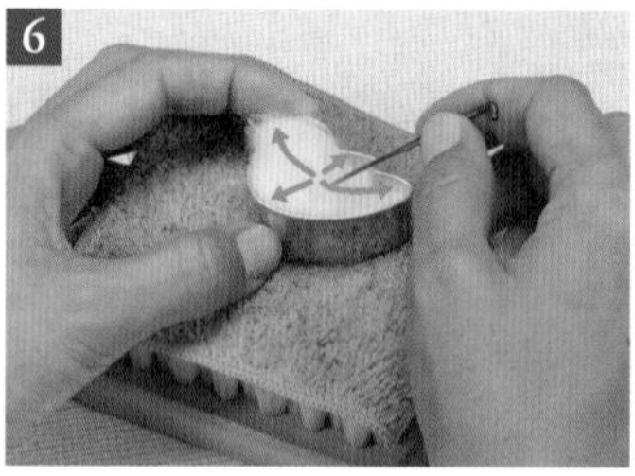

まとめ用で中心から外に向かって鳥のくちばしなど、細かい部分にも羊毛が行き渡るように一方通行でさす。羊毛が全体的に沈むように。

7

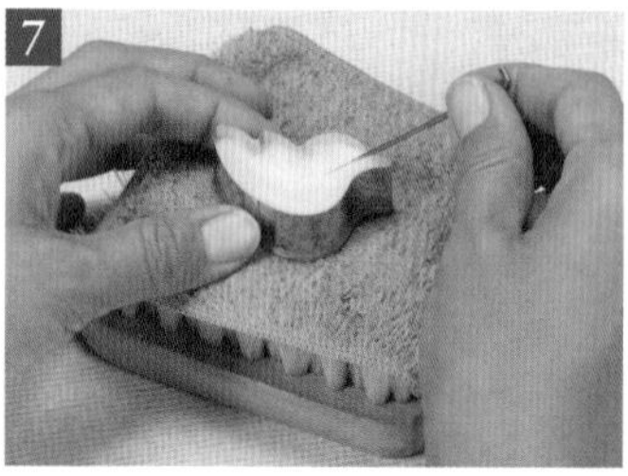

クッキーカッターごとひっくり返し、裏側もさす。型に沿ってニードルをさしていき、輪郭をはっきりさせる。表裏何度か繰り返す。

8

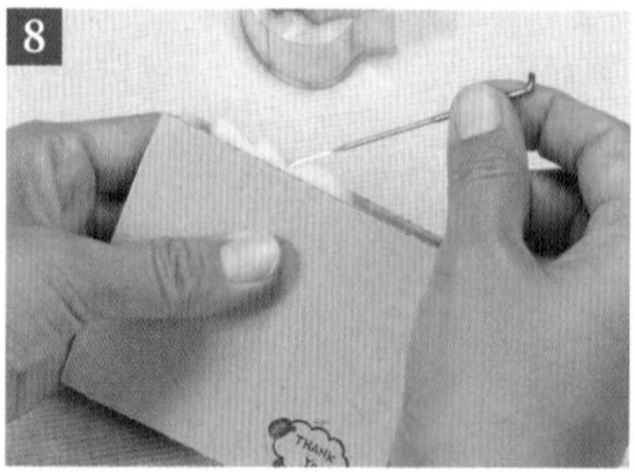

羊毛を型からはずし、サンドイッチカード(P15)に挟み、型を参考にしながら、へこませる部分はへこませて形を整える。仕上げ用で全体をさして仕上げる。

伸子先生のココがポイント！

作品の厚みは層を増やしたり減らしたりして調整しましょう。

Needle felt technique 7

アップリケ･テクニック

フェルト以外の自然素材に、羊毛や毛糸、市販のフェルトなどをニードルでアップリケするテクニックです。針と糸を使わないので、手芸に自信のない方にもおすすめです。

※生地の織り密度によって使いやすい太さのニードルを選んでください。

※P26、46の作品はこのテクニックを使っています。

羊毛で羊を作る

1

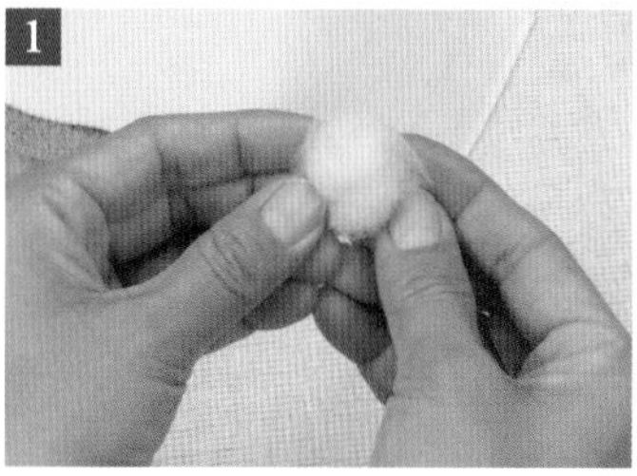

適量の羊毛を取り、丸める。

2

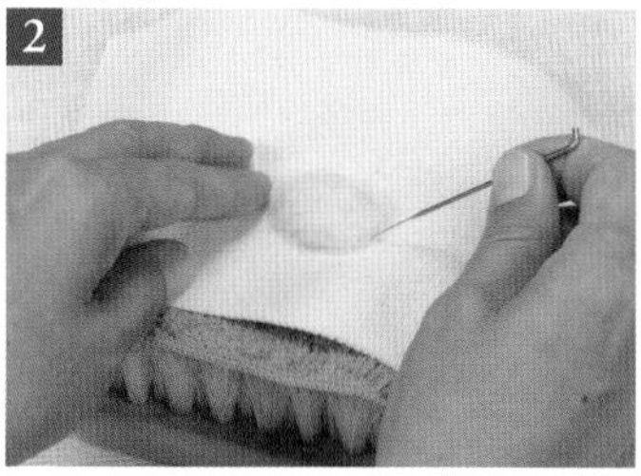

ベースの生地に 1 を載せ、まとめ用で羊毛全体をまんべんなくさす。

3

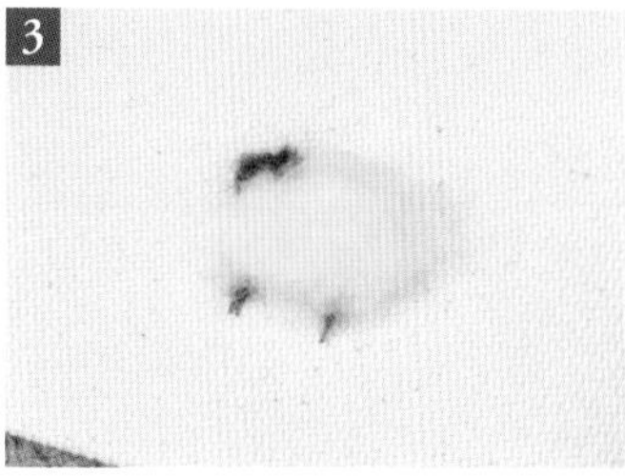

羊毛を増量させて立体感を出すようにさし、毛糸をクルクル巻いて頭を作ってさしつけ、脚は毛糸を2本取り、指でよってさしつけて完成。

毛糸でお花刺しゅうをつける

1

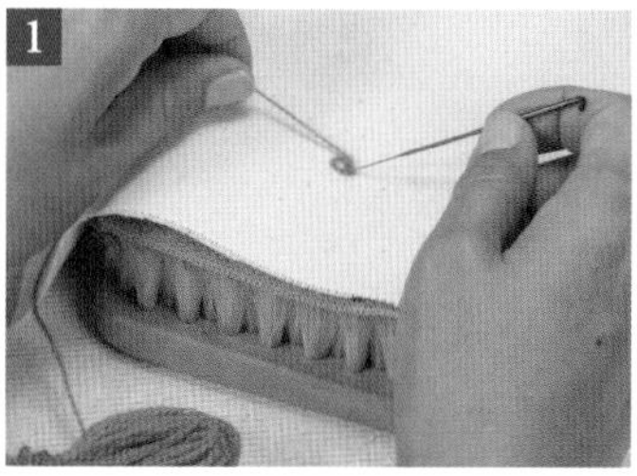

まとめ用で毛糸の端を生地に深くさす。中心から外に向かって渦を巻きながらさしていき、大きくしていく。

2

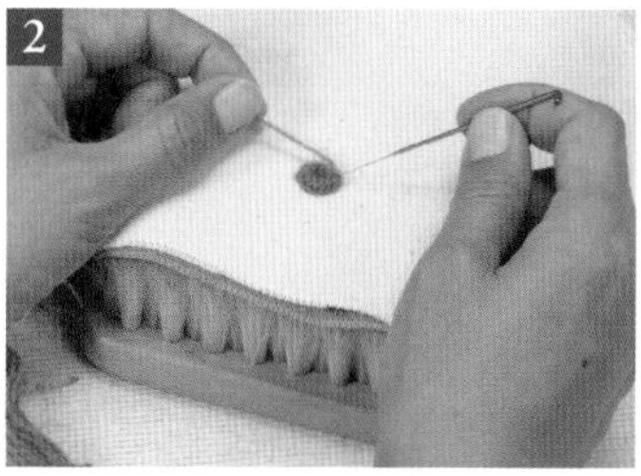

好みの大きさになったら、外から中心に向かって渦を重ねてさし、さらにもう一度中心から外に向かって重ねてさしていき、3重にする。

3

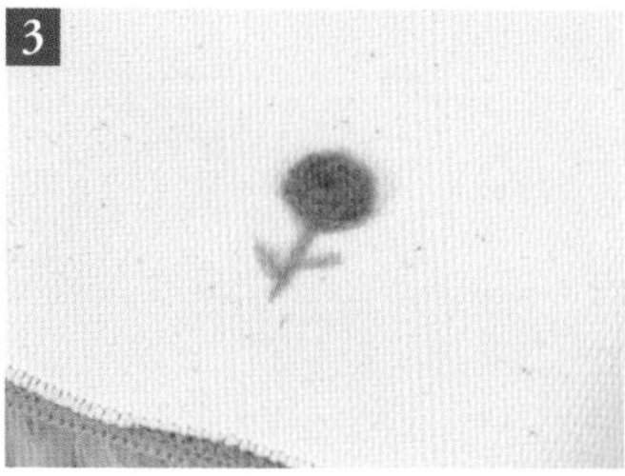

余りの毛糸をハサミでカットし、目立たないところにさし込む。中心部分を深くさして、花に立体感を出し、葉と茎も毛糸でさしつけて完成。

市販のスケールでアップリケ

1

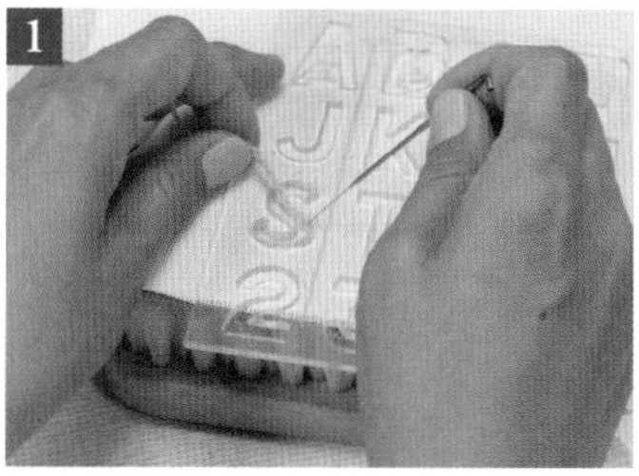

生地にスケールを置き、毛糸は適当な長さに切る。スケールの輪郭をなぞるように、まとめ用で毛糸をさしていく。

2

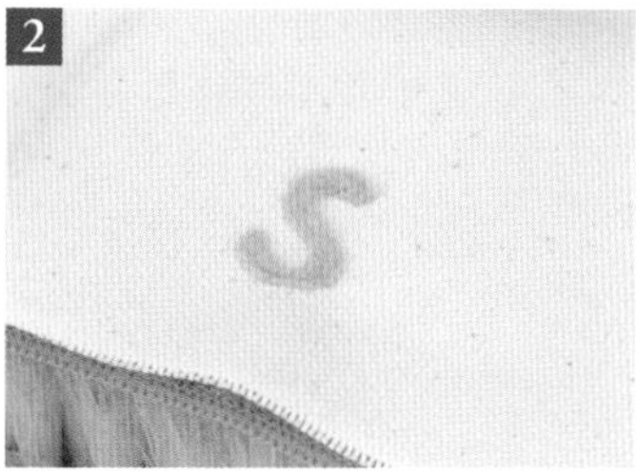

輪郭ができたらスケールを抜き、中心を埋めるようにさしていく。余った毛糸は1cm残してハサミで切り、さした毛糸の中に見えないようにさし入れる。

市販のフェルトでアップリケ

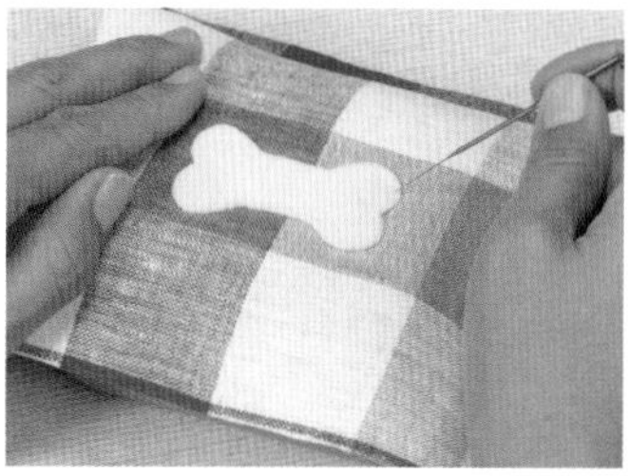

市販のフェルトを好きな形に切り抜く(形になっているフェルトを使用してもOK)。まとめ用で全体をさして生地にさしつける。

Needle felt technique 8

コアメイク・テクニック

人形などを作る時に核(コア)となる部分を作るテクニックです。使用する羊毛の分量を調整すれば、大きな人形から小さなものまで作ることができます。

※P21、28、30の作品はこのテクニックを使っています。

人形タイプ

1

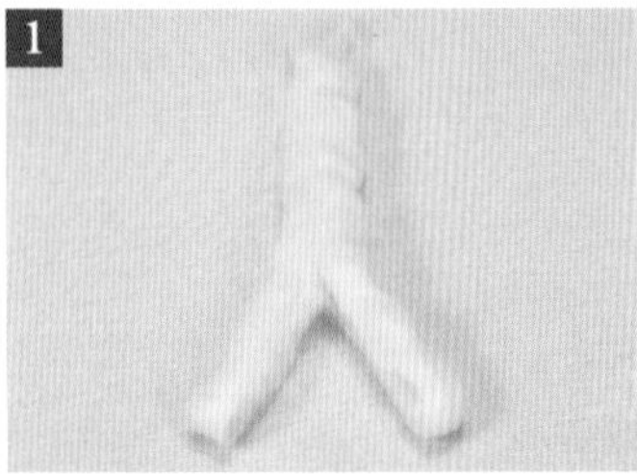

適量の羊毛をふたつに折り、輪の方を全体の1/3までふたつにさく。

2

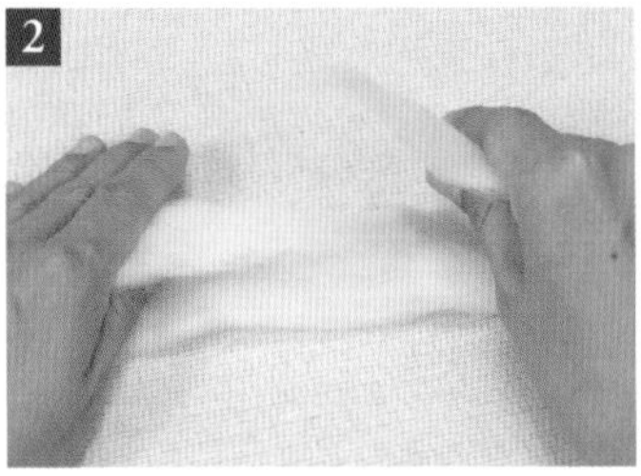

1 の半分の長さの羊毛を用意し、写真のように折る。

3

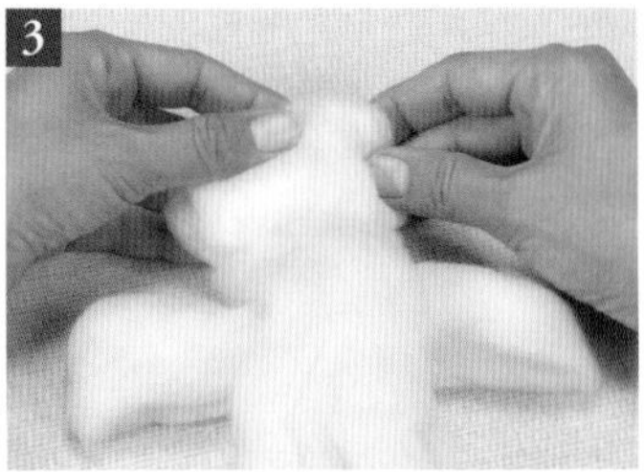

2 を 1 の間に挟んで腕の部分にし、頭の部分を丸める。

4

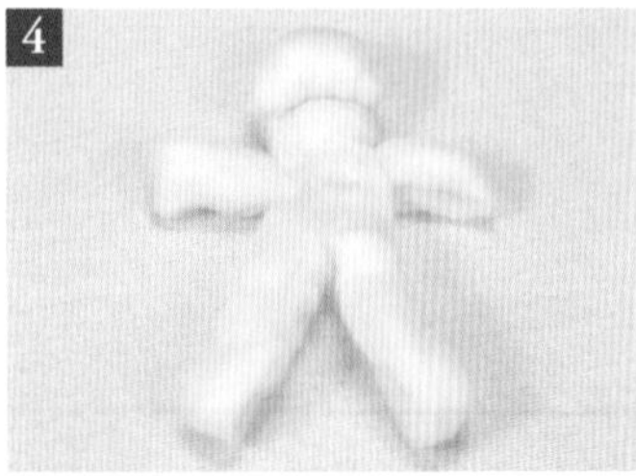

ペン型ニードルホルダーで頭部分と 1 と 2 が重なった部分をさす。これに羊毛をきつく巻きつけて肉づけしていく。

雪だるまタイプ

1

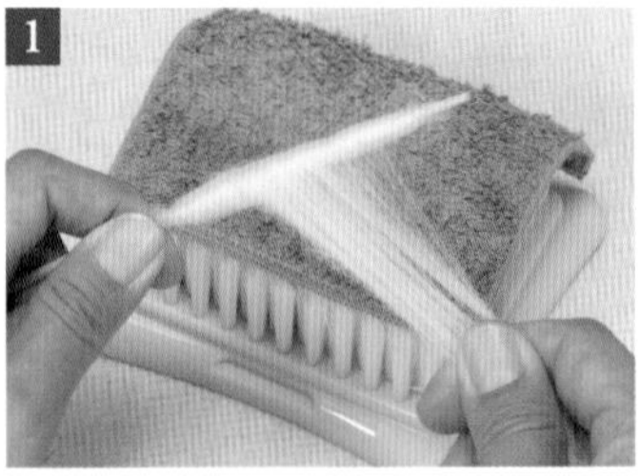

適量の羊毛を取り、串(竹串など)にきつく巻きつける。

2

串から抜き、まとめ用で両端をさし固め、全体をまんべんなくさす。

3

コアの2/3に羊毛を巻きつけ、底になる部分を決め、平らになるようさす。胴体部分を好みの大きさになるまで、丸みを出しながら円すい形になるようさす。

4

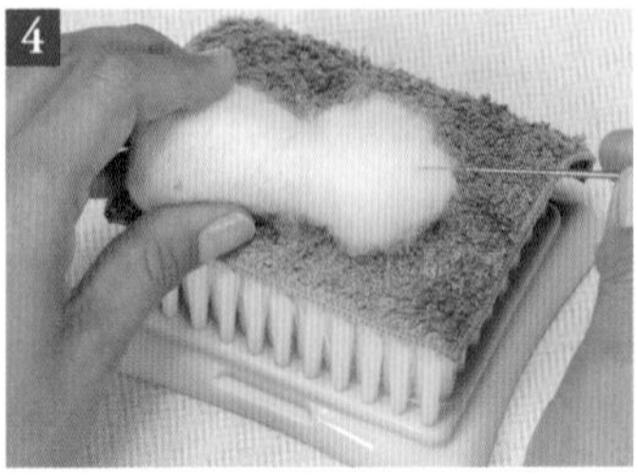

残りの1/3部分に羊毛を巻きつけて頭の部分にし、丸く形を整えながらさす。

5

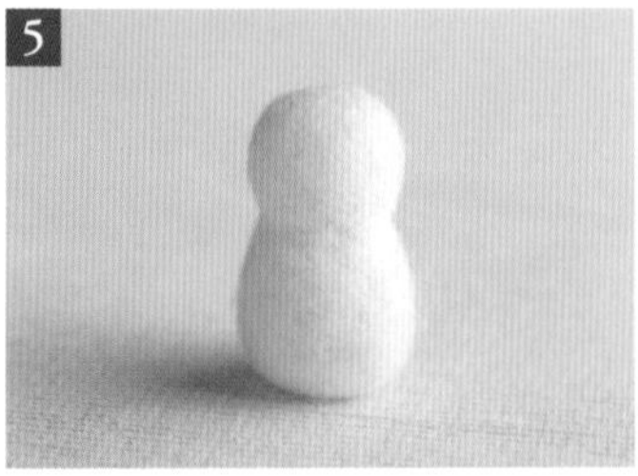

バランスをみながら全体をさしていき、形を整え、硬く仕上げる。

Needle felt technique 9

植毛・テクニック

ベースの羊毛フェルトに、毛の質感が似た羊毛や毛糸をさすことで、動物の毛や人の髪の毛を表現することができます。驚くほど優しい手触りとリアル感が出せるのも、このテクニックならではです。

※P20、21、24、28、48の作品はこのテクニックを使っています。

羊毛植毛

1

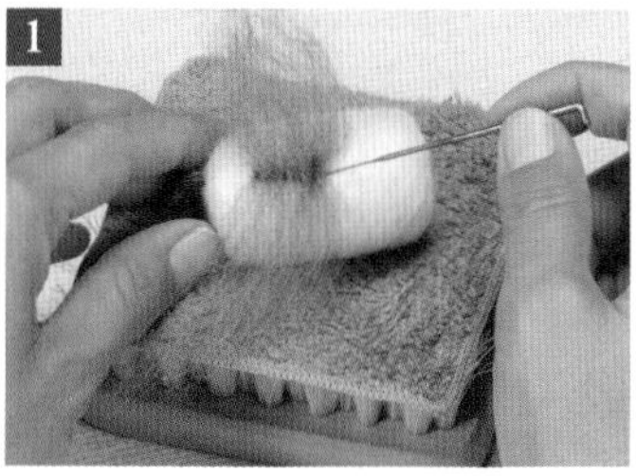

親指と人さし指で抜き取った羊毛をベースに載せ、中心部分をまとめ用で直線に、ニードルを2、3回往復させて、さしつける。

2

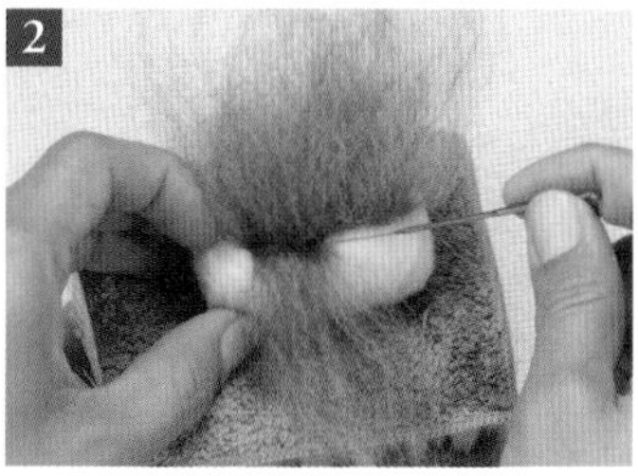

羊毛を立ち上げ、さした隣にすこし間を空けて、次の羊毛を 1 の要領でさす。

3

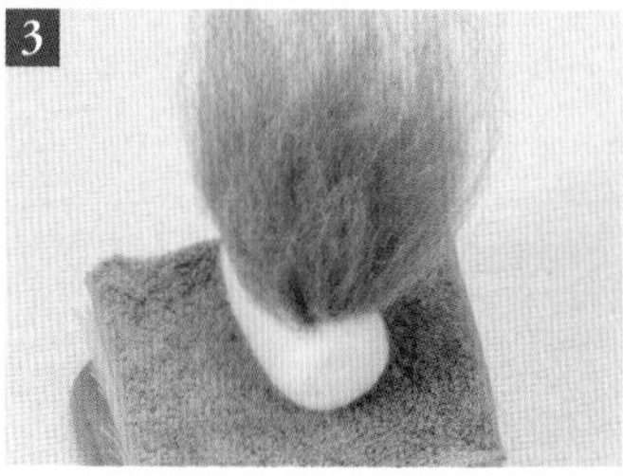

動物の毛を表現する場合は、隙間を埋めるように全体を植毛していくことでリアル感が出る。

4

ハサミで形を整える。ある程度の長さまで切ったら、羊毛に対して縦にハサミを入れ、細かく切り、形を整えていく。

<<variation>>

羊毛によって毛の質が異なるので、作るものに似た羊毛を選ぶのもひとつのポイント。羊毛だけでなく、アルパカやヤクなどの獣毛も植毛には適しています。犬や猫などの毛も羊毛に交ぜて使えば、植毛できます。

写真：那須アルパカ牧場
那須ビッグファーム

毛糸植毛

1

毛糸の端をまとめ用でベースに深くさす。

2

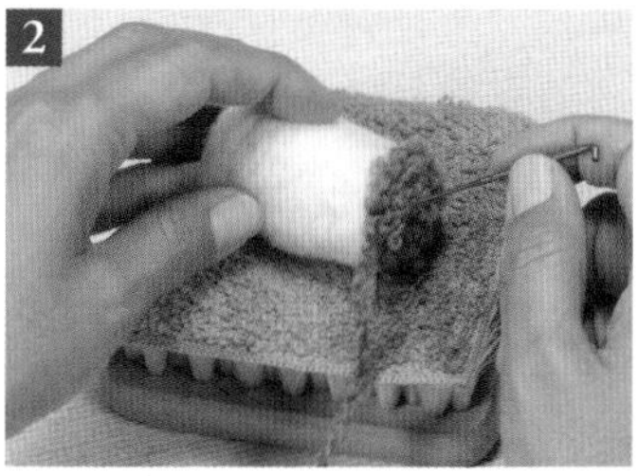

毛糸を隙間なく、毛糸のループを針先で立たせながらさしていく。

これらのテクニックを使って作品を作ってみましょう >>>

てんとう虫のマグネット
[Ladybird magnet]

Needle felt work 1-4

ボール・テクニックで
かわいい雑貨

基本のボールを応用すると色々な
小物ができあがります。ボールを
見ながら想像を膨らませて ……。

how to make >>> P.50-51

ハートの携帯ストラップ
[Cellphone strap of heart]

アヒルとカエルの顔バッジ
[Duck's & frog's face badges]

Needle felt work 5

コアメイク・テクニック＆植毛・テクニックで

トイプードル

手芸屋さんで見つけたクルクルの毛糸。
たくさんの種類の毛糸があるので色々
試してみるのも楽しい……。

[Toy poodle] how to make >>> P.52

Needle felt work 6-9

クッキー・テクニック&ボール・テクニックで

四季のサンキャッチャー

太陽の光を反射して、太陽のパワーとハッピーを部屋に取り込んでくれるラッキーアイテムです。季節ごとに楽しんで。

[Four seasons suncatcher] how to make >>> P.53-56

Needle felt work 10-16

クッキー・テクニックで

クリスマスオーナメント

クッキー･テクニックの仕上げを、
それぞれ立体的にしました。
色々なシーンに大活躍です。

[Christmas ornaments] how to make >>> P.57-58

Needle felt work 17,18

アップリケ・テクニックで
エコバッグ

how to make >>> P.59

ひつじバッグ
[Sheep eco-bag]

お花バッグ
[Flower eco-bag]

シンプルなバッグにサクサクとアップリケしただけで大変身。色々な素材につけるのも面白い。

WOOL
DE
TESHIGOTO

Needle felt work 19

コアメイク・テクニック＆植毛・テクニックで

シロクマ親子

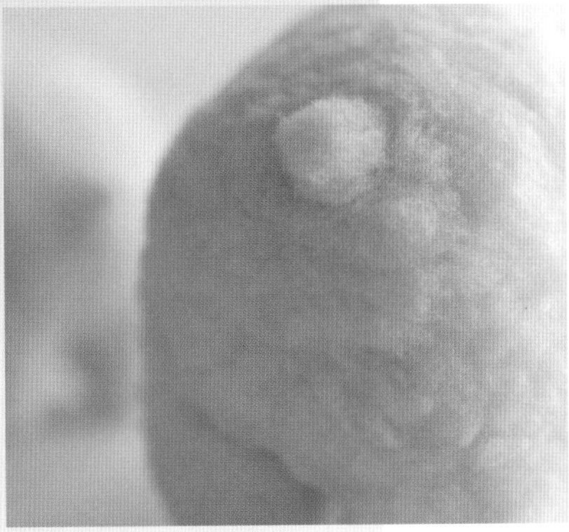

シロクマが絶滅危惧種に指定された時に
作りました。私たちとシロクマはつながっ
ていることを、見るたびに思い出すように。

[Parent and child of polar bear] how to make >>> P.60

Needle felt work 20

コアメイク・テクニックで
おやすみくまさん

子供が抱っこして一緒に寝ているところを想像して作りました。耳、鼻、目は取れないようにしっかりつけて。

[Mr. good night bear]
how to make >>> P.61

Handmade felt technique

ハンドメイドフェルト・テクニック

ハンドメイドフェルトの基礎知識

必要な道具

ここでご紹介するのは、ハンドメイドフェルトに必要な基本の道具です。ニードルフェルトと比べて道具は多くなります。それぞれ欠かせない道具ですが、リーズナブルな値段で手に入ります。道具をそろえてからハンドメイドフェルトに挑戦しましょう。

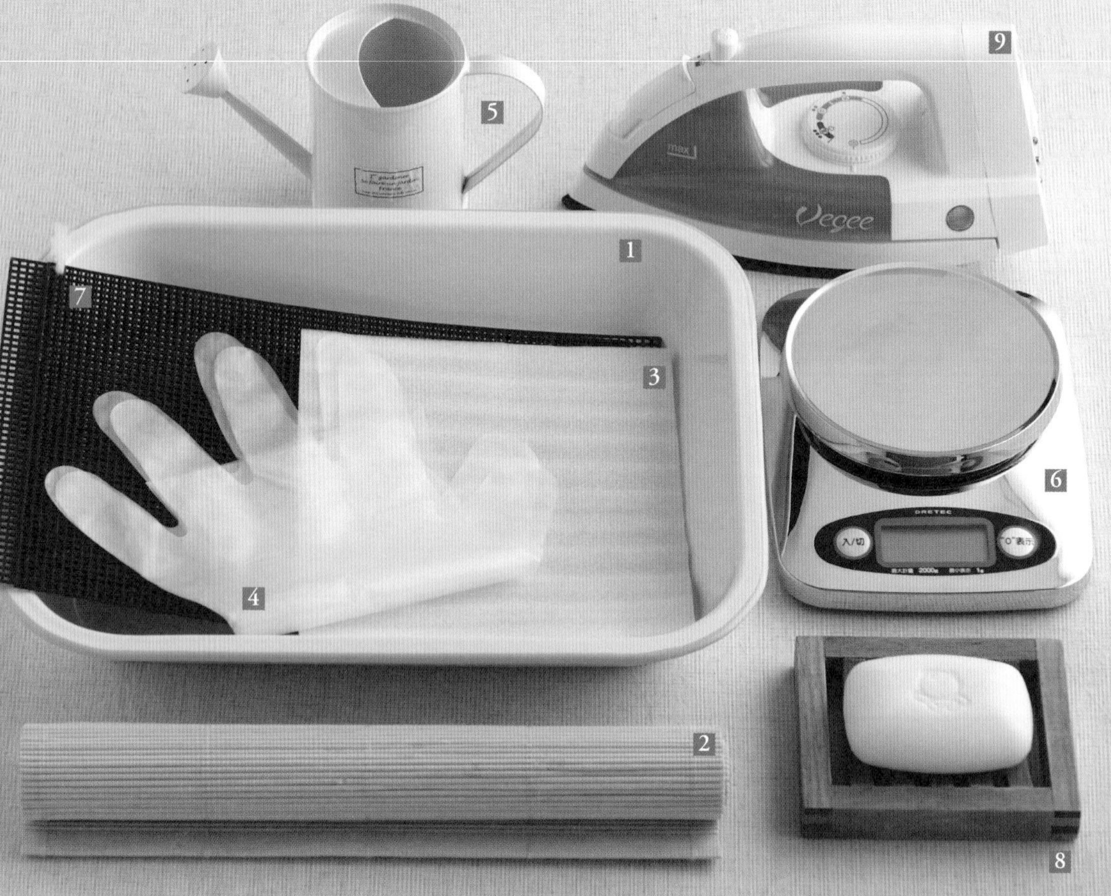

1 バット

羊毛を並べて、お湯をかけてなでるというひと通りの作業をします。プラスティックのお盆でも代用OK。

2 まきす

フェルト化を進め、大きさを調整します。バットの中に入り、作品がはみ出さない程度のものがベスト。

3 緩衝材（ウレタン）作るものの大きさ分

型紙（パターン）として使用。シート・テクニックでは大きさの目安として。

4 手袋（ポリエチレン）…1組

外側にエンボス加工のある手袋。なめらかに滑るので、なでるのに最適。

5 ジョウロ

50〜60℃のお湯を入れるので、熱に耐えられるものを用意します。

6 デジタル秤

羊毛の量を測ります。1gから量れるものだと便利です。

7 鉢底ネット …2枚

ガーデニングに使う「鉢底ネット」。パターン・テクニックで羊毛をひっくり返すのに使用。

8 固形石けん

なめらかな摩擦を加えてフェルト化を進めるために石けんの力を借ります。本書では無添加石けんを使用。

9 アイロン

フェルト作品の最後の仕上げで、形を整えるのに使います。

その他、サラダスピナー（脱水用）や、タオル、ハサミ、ものさしなどを用意しておくと便利。

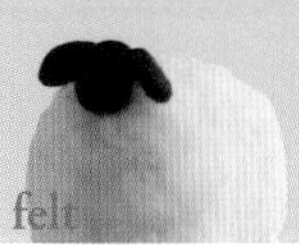

原　理

羊毛の1本1本の表面にある、うろこ状のキューティクルがお湯をかけることで開き、それをなでるなどして振動を加えると、繊維が絡まり合いフェルト化します。

<point>

羊の種類によってフェルト化する時間が変わります。状態をよく見て作業しましょう。色々な種類の羊毛で試してみると、作品の表情も違ってきます。

基　本

羊毛は薄くちぎって、作りたい形に並べます。羊毛の繊維を縦・横の順番で並べ、何層も重ねていき、お湯をかけ、石けんをつけた手で初めは優しく、徐々に力を強めながら、ゆっくり、時間をかけてなでていきます。これが、ハンドメイドフェルトでフェルト化する基本の流れです。

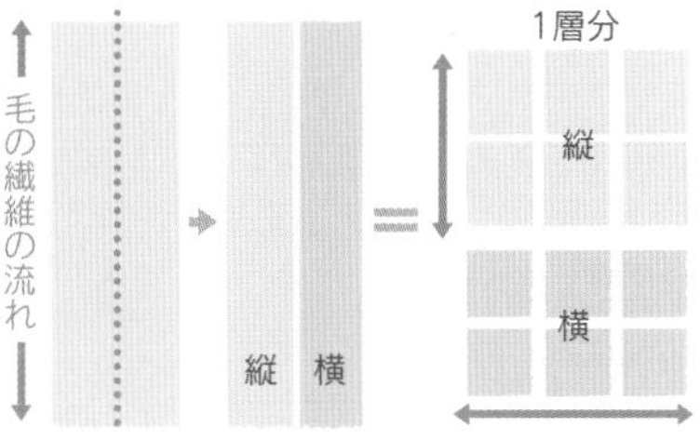

ちぎった羊毛を縦に2等分し、それが「縦・横」の1層分となります。

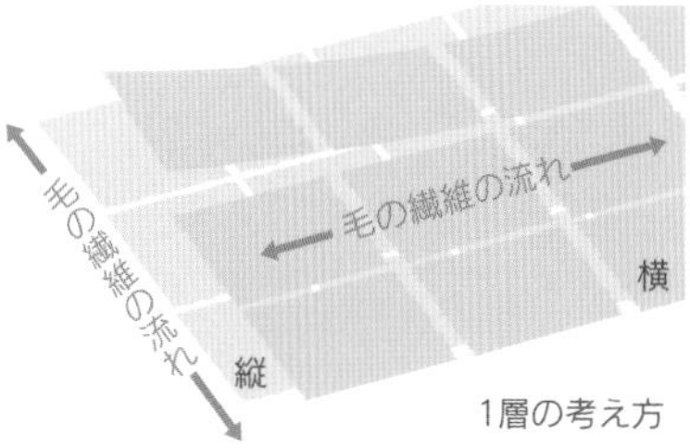

羊毛を並べる時は、毛の繊維を縦に並べて、その上に、毛の繊維を横にして並べ、それを1層とします。

<point>

羊毛はフェルト化すると３０～５０％縮みます（種類により異なる）。このことを頭に入れて型紙の大きさを作りましょう。焦らずに、羊毛の様子をよく観察し、手のひらで感じながら作業を進めます。

ポイント

お湯をかけてから、最初になでる時はとにかく優しく、力を入れずに手のひらが触れるか触れないかぐらいの感覚でなでます。ここで指を立てたり、強い力でなでてしまうと、羊毛がよれてきれいに仕上がらず、フェルト化も難しくなります。ゆっくり時間をかけて羊毛の様子をみながら行いましょう。一番大事なポイントです。

<hint 1>

ついつい真ん中あたりばかりをなでてしまいがちです。端も意識して全体をまんべんなくなでることが重要です。

<hint 2>

フェルト化は羊毛を温かい状態に保つことで進みます。バットに溜まったお湯はこまめに捨てて、羊毛にお湯をかけ、温かく保つことを心がけましょう。

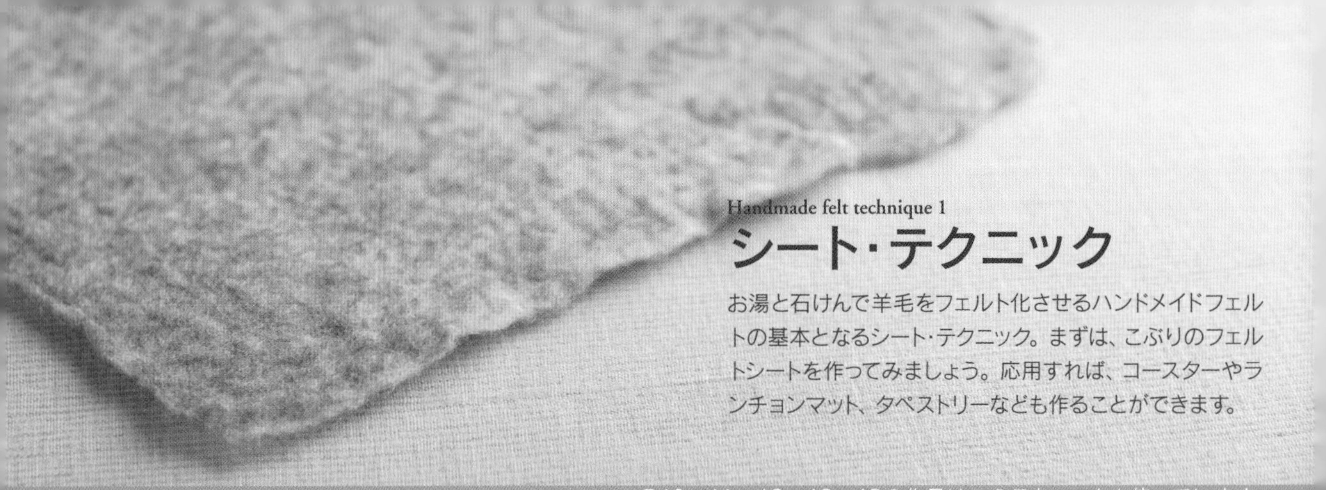

Handmade felt technique 1

シート･テクニック

お湯と石けんで羊毛をフェルト化させるハンドメイドフェルトの基本となるシート･テクニック。まずは、こぶりのフェルトシートを作ってみましょう。応用すれば、コースターやランチョンマット、タペストリーなども作ることができます。

※P40、41、42、43、48の作品はこのテクニックを使っています。

材 料

●羊毛（パオ）
手作りメリノ（ライト）　約6ｇ

できあがり寸法

縦20cm×横15cm

準 備

1 羊毛を4層分に分ける（P33を参照）。
2 ウレタンの緩衝シートを21cm×16cmの長方形に切って型紙とし、バットの中央に置く。
3 60℃前後のお湯を用意する。

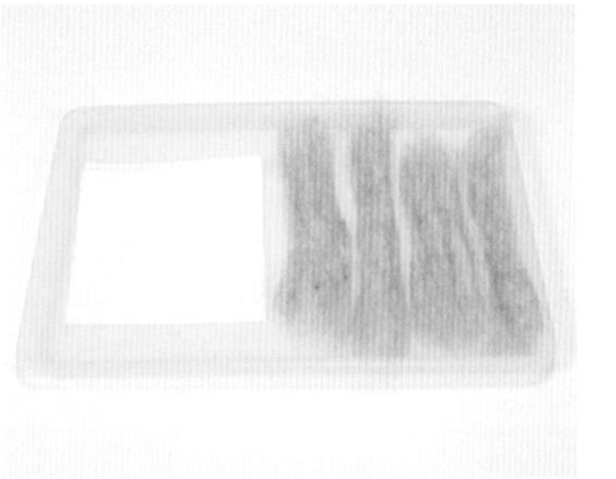

羊毛を並べる

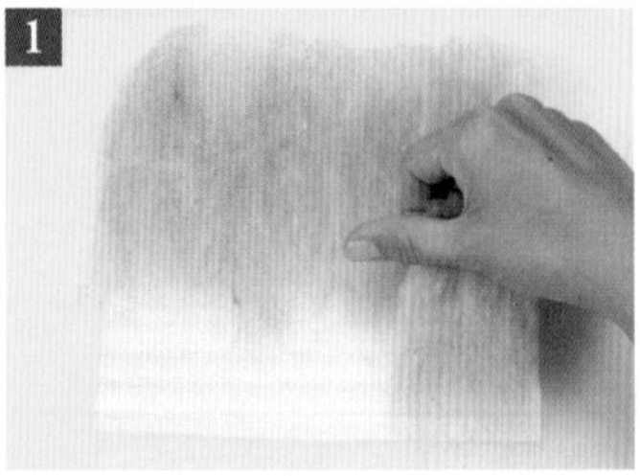

1 羊毛を少しずつちぎり、毛の繊維を縦にして、型紙の上に左上から型紙の大きさに合わせて並べていく。先に並べた羊毛の列に2cmずつ重なるように並べるのがポイント。

2 縦方向に並べ終わったところ。これが基本の大きさとなる。

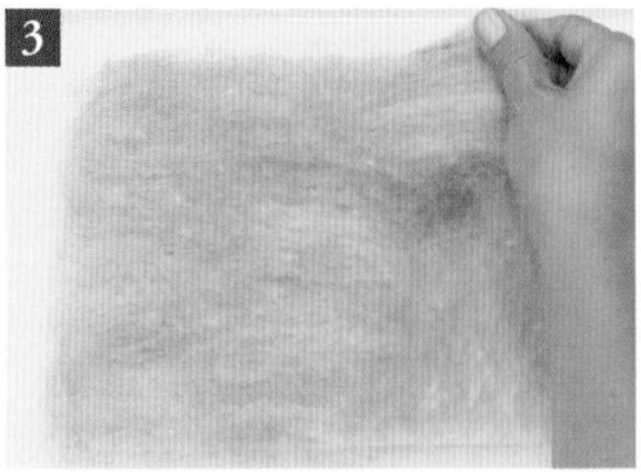

3 羊毛の繊維を横方向にして左上から 1 と同様に並べる。この時、2 の基本の大きさよりはみ出さないように置く。縦、横の組み合わせで1層と数える。

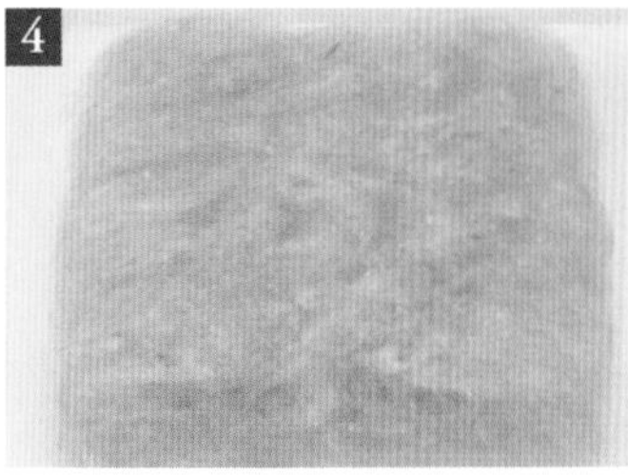

4 1層目と同様に、2層目、3層目、4層目を並べる。写真は4層目を並べ終わったところ。

5 羊毛を最後に並べた方向（横方向）にお湯をかけ、羊毛を全体的に濡らす。

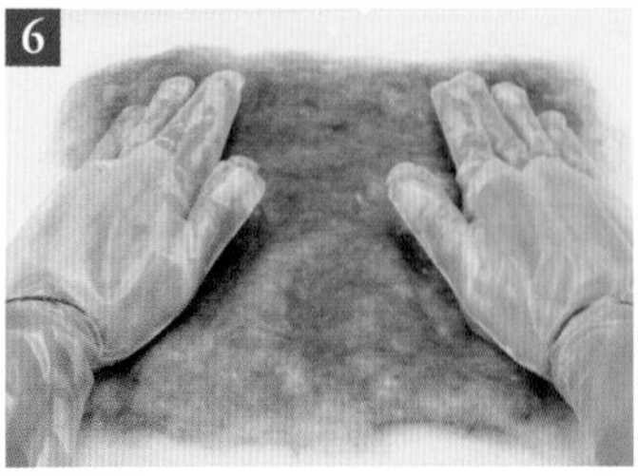

6 手袋をはめ、お湯と石けんをつけた手で、羊毛を軽く叩き、空気を抜く。手袋の口に輪ゴムをつけるとスムースに作業ができる。

フェルト化する

7

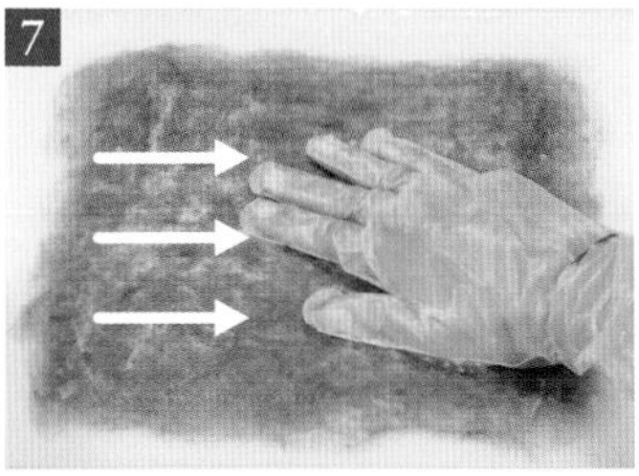

最後に並べた毛の方向（横方向）に優しくなでる。手のひら全体を使って、優しく、ゆっくりと充分に時間をかけてなでる。

8

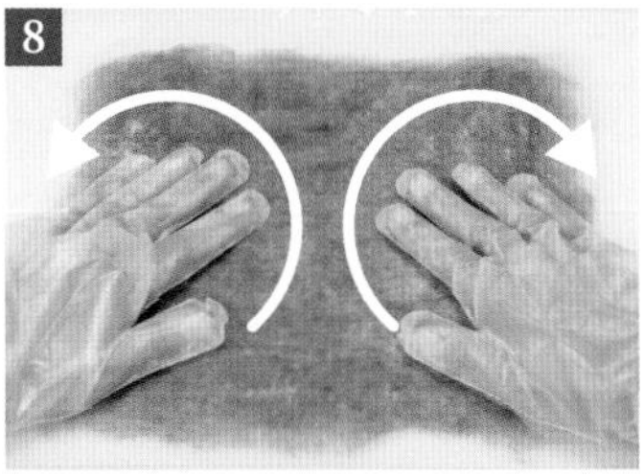

羊毛がよれなくなったら、両手でまるく円を描くように 7 より少しだけ強い力でなでる。よれるようなら 7 の力で。お湯をかけて羊毛は常に温かい状態を保つ。

9

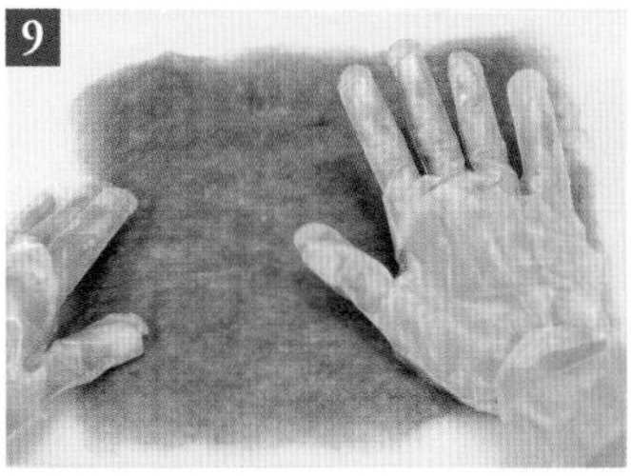

羊毛同士が絡まり合うと表面が硬くなってくる。それが確認できたら手のひらで強くこするようになでる。フェルト化は充分に時間をかけて行うこと。

ピンチテスト

10

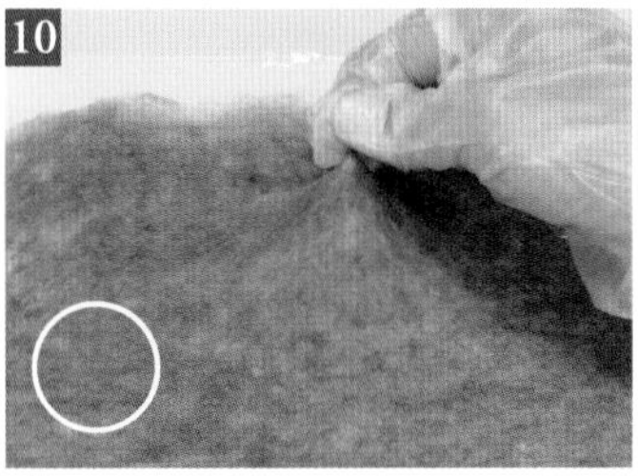

フェルト化が充分かどうかチェックする。表面の一部をつまみ、全体が持ち上がったらOK。

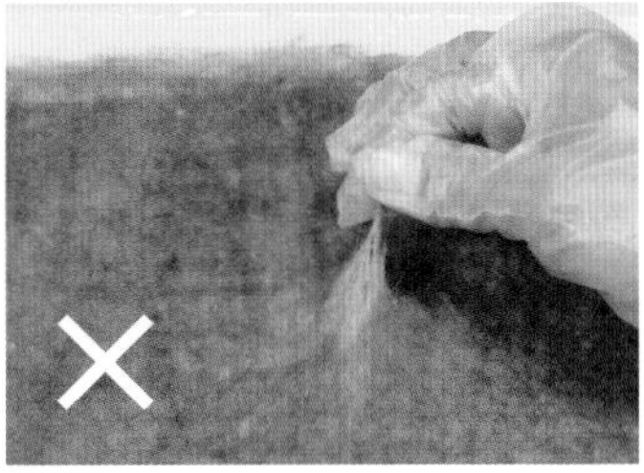

※ホロホロと繊維がほぐれるようなら、フェルト化できていない証拠。 8 からやり直す。

11

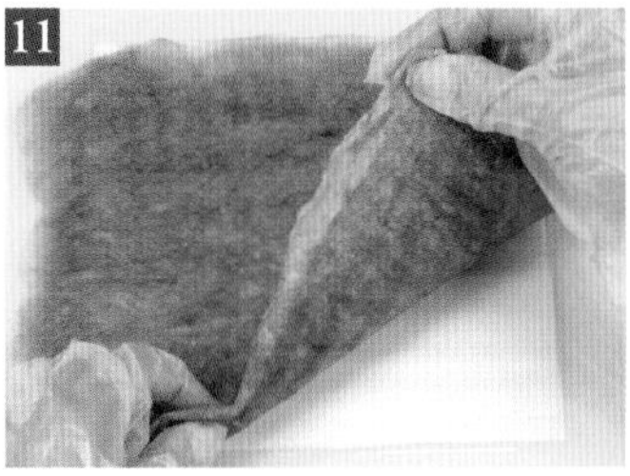

裏返して、裏も同様に 7 からの手順でフェルト化し、ピンチテストを行う。

成形する

12

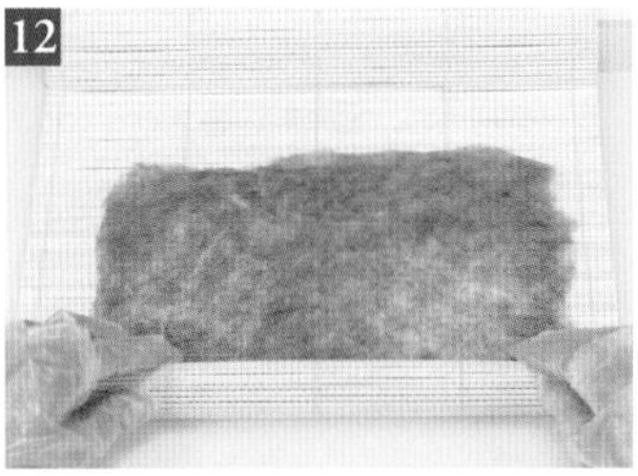

羊毛をまきすでくるみ、前後に転がす。これを30〜50回。巻き始めと巻き終わりを逆さにして巻き、同様の回数転がす。イラストを参照し、様々な方向から巻き、転がして形を整える。

13

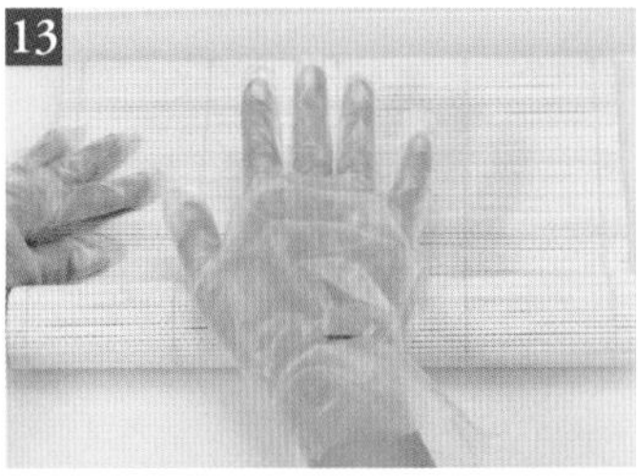

裏に返して 12 と同様に転がす。型紙と同じ大きさに縮むまで転がしていく。ここでも羊毛にお湯をかけ、温かい状態を保つこと。

12 と 13 の巻く方向と順番

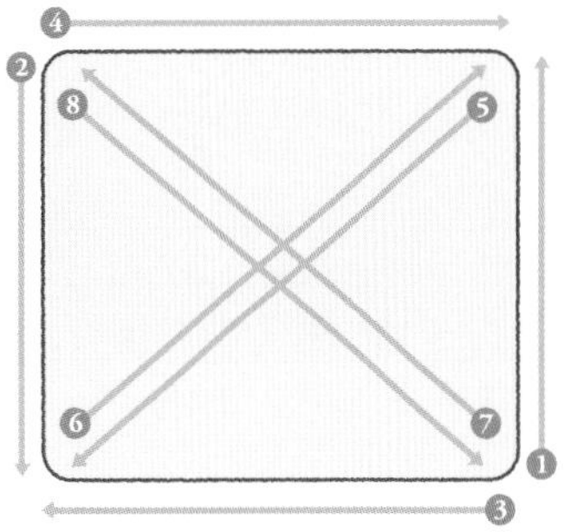

14

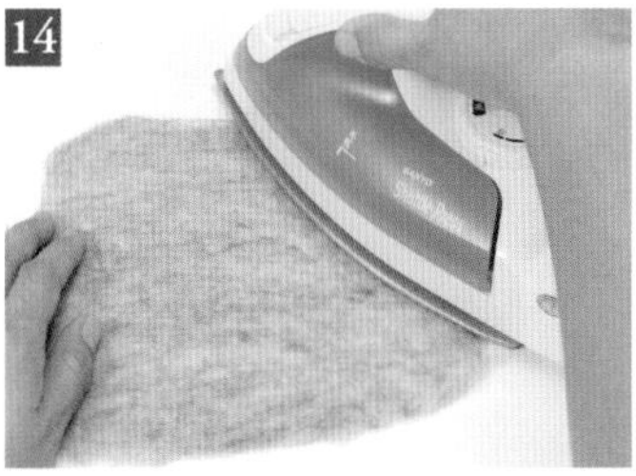

水ですすぎ、サラダスピナーか洗濯機で脱水する。アイロン（中温）をかけて表面を整え、天日干しをして完成。

模様をつける

1

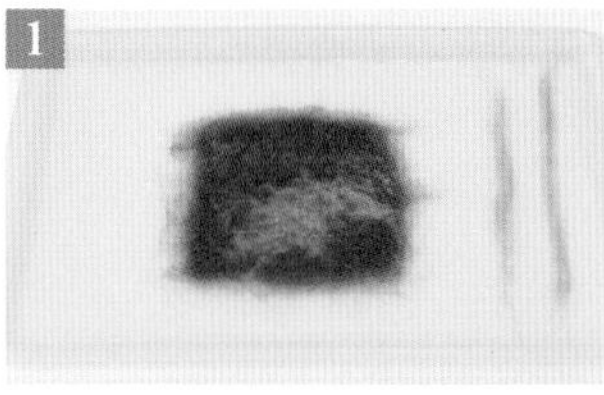

ベースの羊毛はフェルト化する前の状態に（シート・テクニック 1 〜 6 を参照）。模様にする羊毛をお湯で濡らし、ベースに置く。

2

模様の部分をお湯と石けんをつけた手でやさしく、細かくふるわせるようになで、模様を馴染ませる。その後全体をなでてフェルト化し、成形していく。

Handmade felt technique 2

パターン・テクニック

型紙（パターン）を使って、小さなポーチやバッグを作る基本となるテクニックです。縫い目の無いバッグなどの袋物ができあがります。このテクニックを応用すると帽子やスリッパなども作ることができます。

※P44、45の作品はこのテクニックを使っています。

材料

●羊毛（パオ）
　手作りメリノ（ダーク）　12g

できあがり寸法

縦11cm×横17cm

準備

1 羊毛を6層分に分ける（P33を参照）。1層分は縦の分と横の分に分けておく。
2 ウレタンの緩衝シートを12cm×18cmのポーチ型に切る。
3 バットの中央に鉢底ネットをひとつ置き、その上に型紙を置く。
4 60℃前後のお湯を用意する。

羊毛を並べる

1
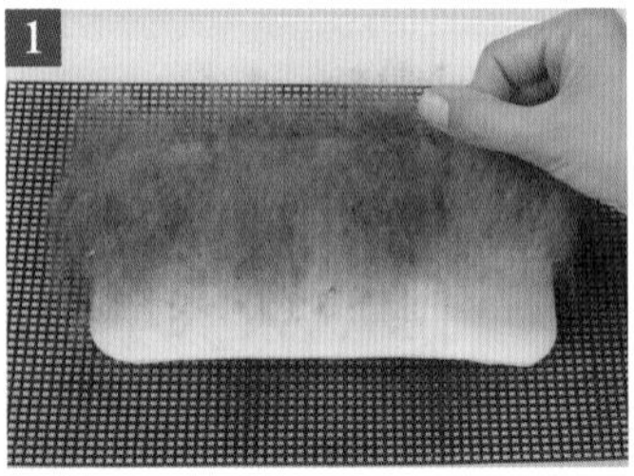

羊毛を少しずつちぎり、毛の繊維を縦にして型紙から1cm程はみ出るように、左上から並べていく。先に並べた羊毛の列に2cmずつ重なるように次の列も並べる。

2
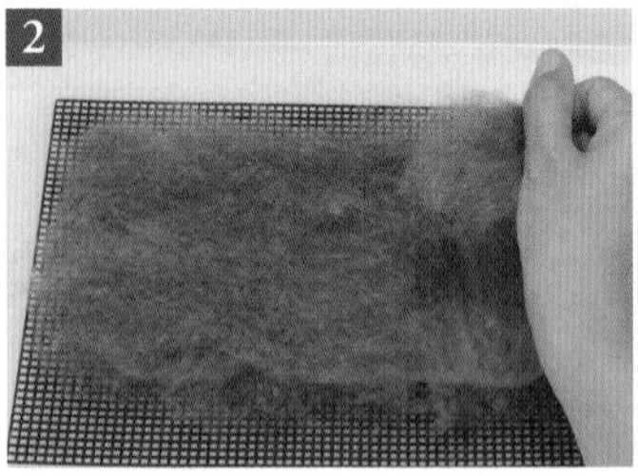

羊毛の繊維を横方向にして左上から 1 と同様に並べる。

3
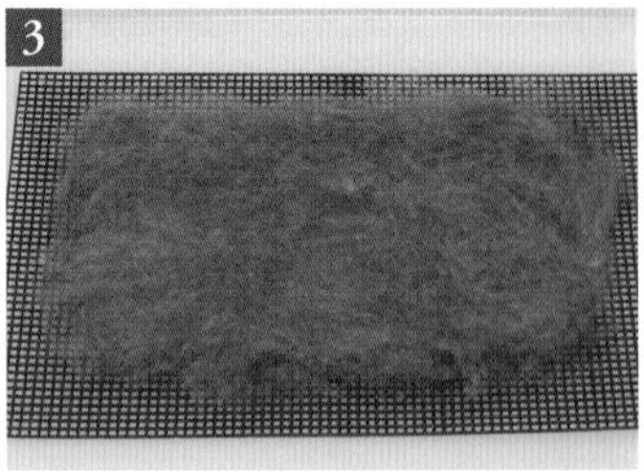

縦、横の組み合わせで1層と数える。写真は1層目を並べ終えたところ。

4
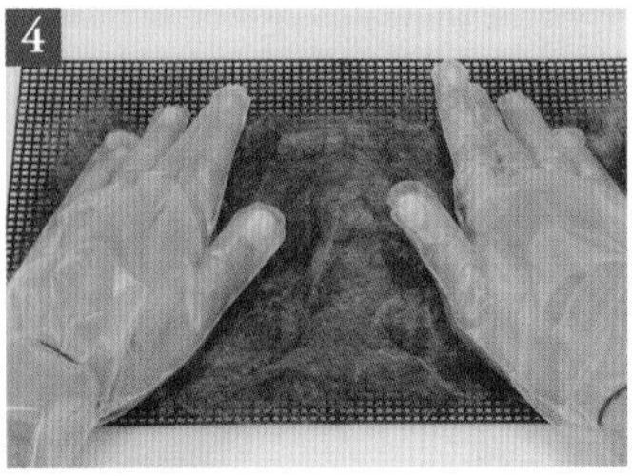

毛の流れに沿って（横方向）お湯をかけ、羊毛全体を濡らす。手袋をはめた手にお湯と石けんをつけ、羊毛を軽く叩き、空気を抜く。

5
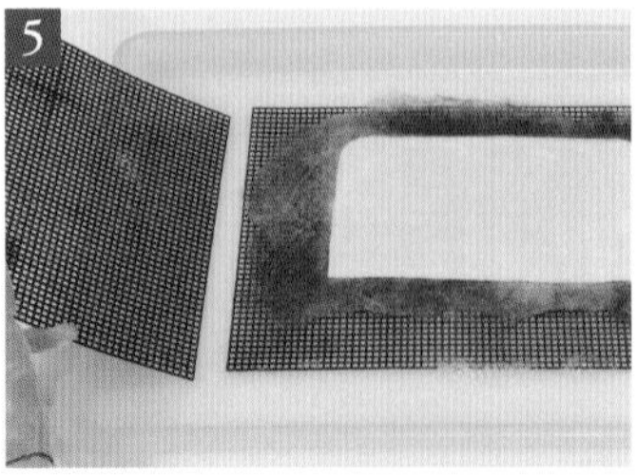

もうひとつの鉢底ネットを羊毛の上に置いて挟み、裏にひっくり返す。写真はひっくり返したところ。

6
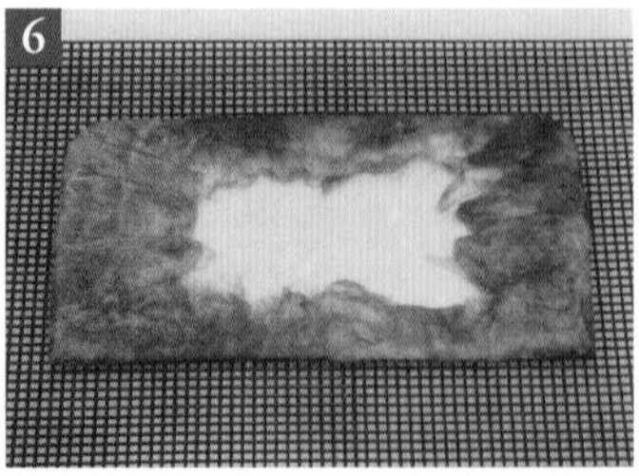

型紙からはみ出した羊毛を内側に折り込んでいく。角の部分は小さなギャザーを寄せるように折り込む。

7

6 の上に羊毛を縦・横（1層）に並べ、4 と同様にお湯をかけて空気を抜く。ひっくり返して 6 同様にはみ出した羊毛を内側に折り込む。

8

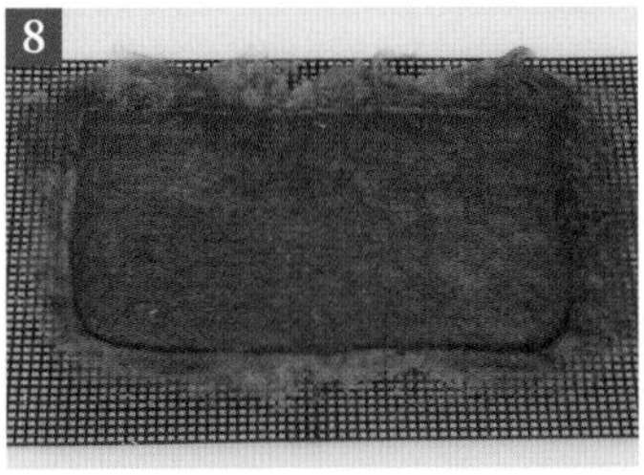

1 ～ 7 の手順をもう3回繰り返す。写真は6層目までを終えたところ。

フェルト化する

9

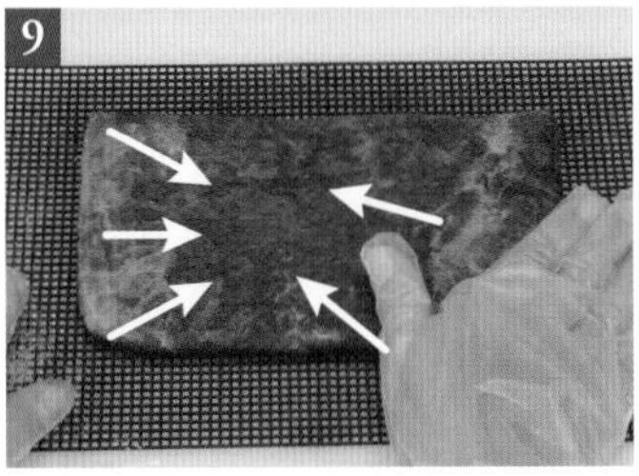

手に石けんをつけ、折り込んだ羊毛が表面に馴染むよう、外から中央に向かって優しくなでる。さらに、全体的にまんべんなく丁寧に時間をかけてなでる。

10

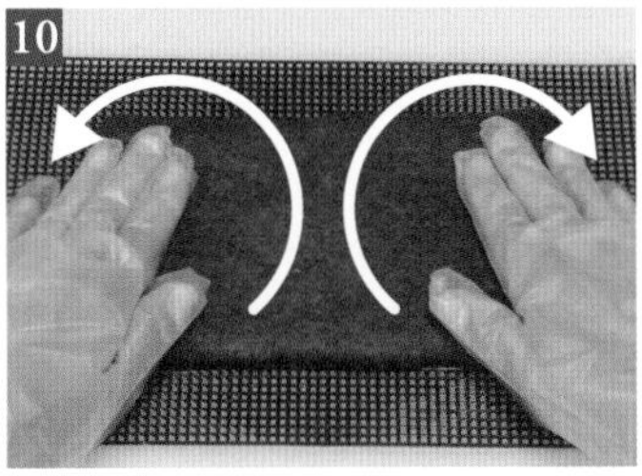

羊毛がよれなくなったら、両手でまるく円を描くように 9 よりも少しだけ強めになでる。

11

羊毛同士が絡まり合い、表面が硬くなってきたら、強くこするようになでる。フチの部分もゴシゴシとこするようになでる。

ピンチテスト

12

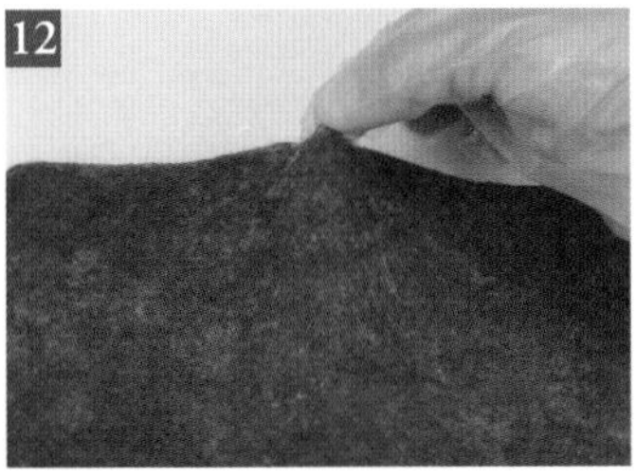

羊毛をつまみ、全体が引っ張られる状態なら裏に返して、9 ～ 11 の作業でフェルト化し、ピンチテストを行う。

成形する

13

外面すべてをフェルト化したら、口となる部分をハサミで切り、中から型紙を取り出す。

14

切り口と袋の中をフェルト化する。

15

羊毛をまきすでくるみ、前後させて転がす。これを30～50回。巻き始めと巻き終わりを逆さにして巻き、同様の回数転がす。イラストを参照し、様々な方向から巻き、転がして形を整える。

16

水でよくすすぎ、サラダスピナーもしくは洗濯機で脱水し、アイロン（中温）をかけて形を整え、天日干しして完成。

16 の巻く方向と順番

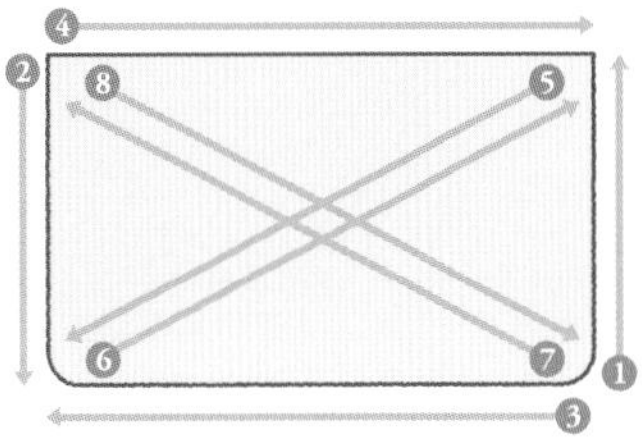

Handmade felt technique 3

ガーゼ・テクニック

ガーゼ素材に羊毛を載せて、フェルト化、一体化させるテクニックです。ガーゼ・テクニックは、フェルトの羊毛と同じウール素材や、コットンなど、天然の素材や目の粗い布に応用でき、ハンドメイドフェルトの作品の幅が広がります。

※P46、47の作品はこのテクニックを使っています。

材料

●羊毛（パオ）
　メリノ（M26）　4g
ウールガーゼ
15cm×24cm　1枚

できあがり寸法

縦13cm×横21cm

ポイント

羊毛をごく薄くちぎる。写真の分量を目安に。
※羊毛の分量は目安です。余ってもOK。
　足りない場合は足すこと。

羊毛を並べる

1

羊毛の繊維を縦にして、ウールガーゼの上に左上からガーゼの大きさに合わせて均等に並べる。先に並べた羊毛の列に2cmずつ重なるように並べる。

2

羊毛の繊維を横にして、1と同様に左上から並べる。

3
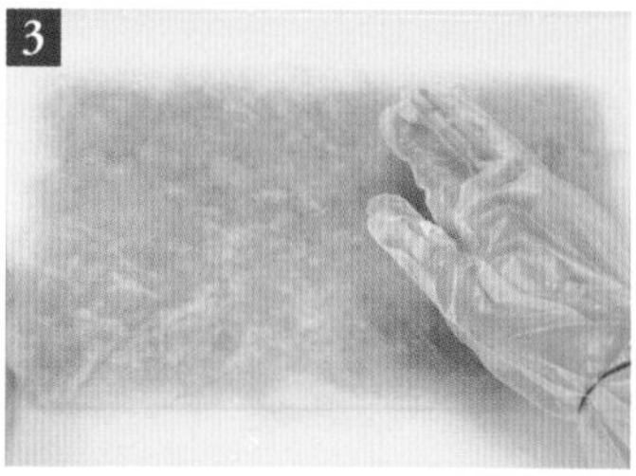

毛の流れに沿って（横方向）お湯を羊毛全体にかける。手袋をして、お湯と石けんをつけた手で、羊毛を軽く叩いて空気を抜く。

フェルト化する

4
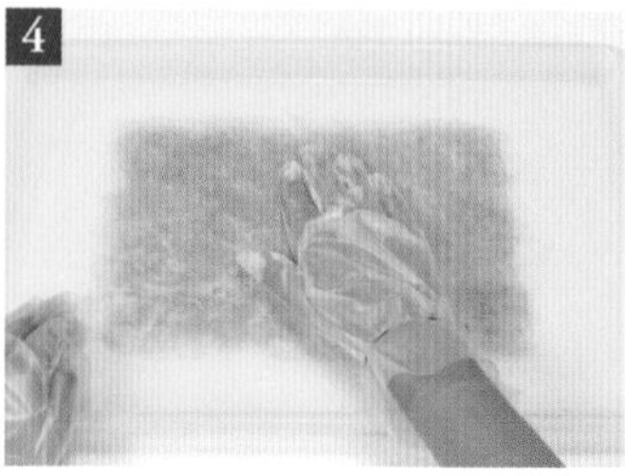

毛の流れに沿って、ごく弱い力で優しくなで、徐々になでる力を強めていく（P35シート・テクニックの「フェルト化する」参照）。

5
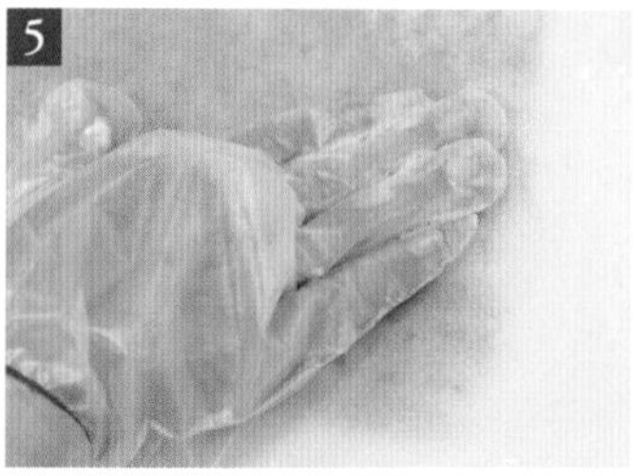

端の方は、はみ出した羊毛をウールガーゼのキワになでつけるようにする。

6
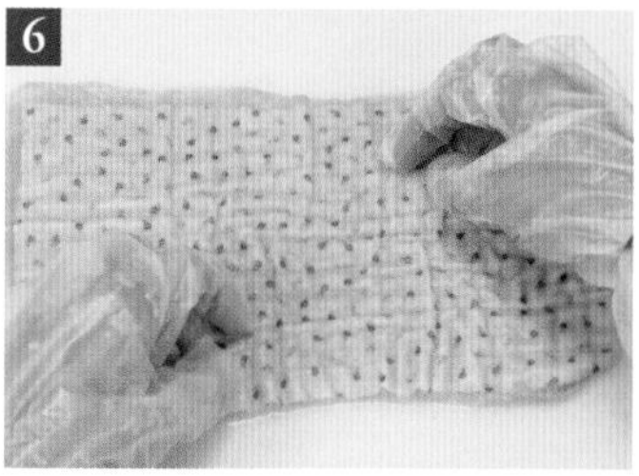

羊毛が縮む分、ガーゼも一緒に縮むので、裏返して、ガーゼ側も指を立てて優しくこする。

ピンチテスト

7

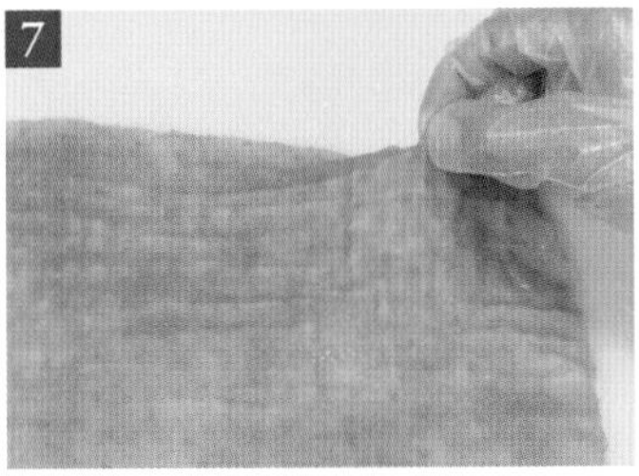

羊毛を軽くつまんで裏面のウールガーゼがくっついてきたら、フェルト化完了。ウールガーゼについた石けんを水ですすぎ、絞る。全体を広げ、フェルト化できているかチェック。

<attention>
充分にフェルト化できていない部分は写真のように羊毛の繊維がフワッと浮いた状態になっている。再度、4 からやり直し、羊毛が薄い部分は新たに羊毛を足してフェルト化する。

NG

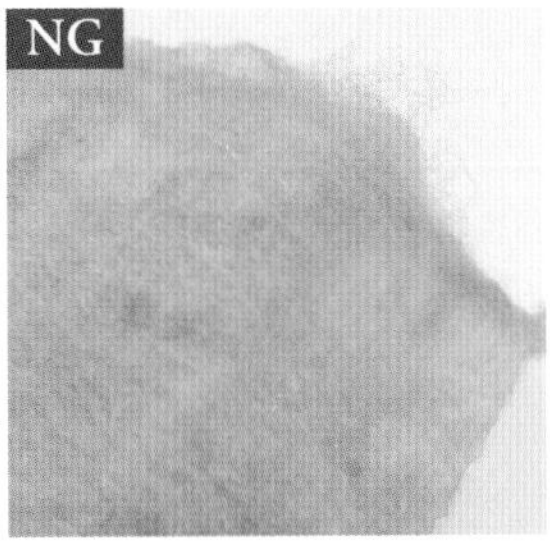

仕上げ1

8

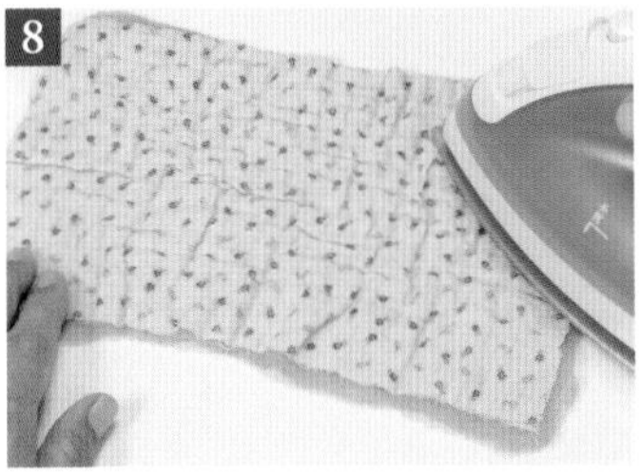

はみ出した羊毛をそのまま活かす場合は、水ですすいでサラダスピナーか洗濯機で脱水し、アイロン（中温）をかけて形を整え、天日干しして完成。

仕上げ2

8

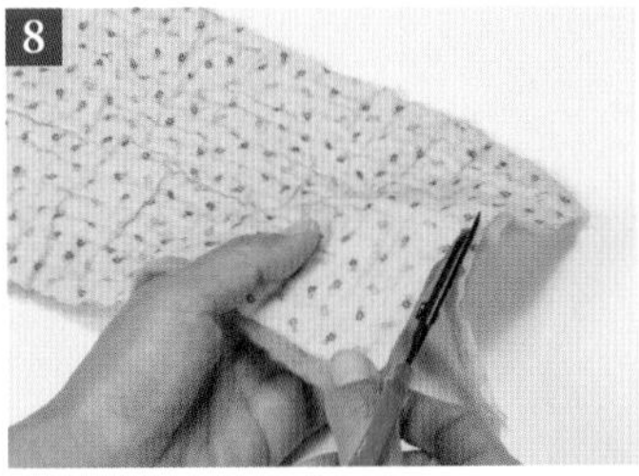

はみ出した羊毛が気になる場合は、ウールガーゼと共に切り落とす。その後、切り口部分を 5 のようになでると、ほつれにくくなりきれいに仕上がる。

9

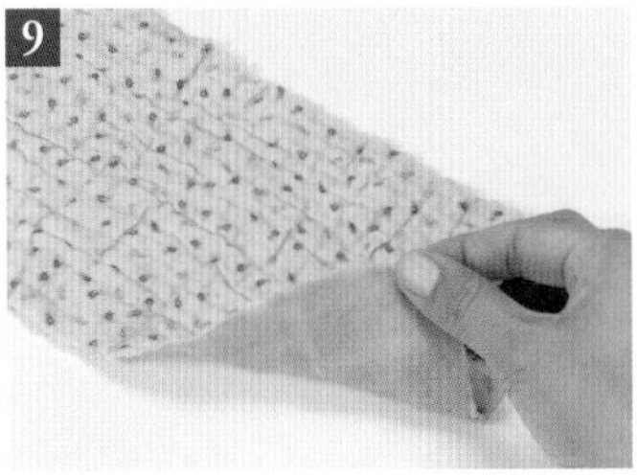

水ですすいで脱水し、アイロン（中温）をかけて形を整え、天日干しして完成。

<<variation>> パターン・テクニック バリエーション

型紙を包み込んで、袋状にフェルト化するパターン・テクニック。
ハサミでカットする場所を工夫するだけで、様々なものが作れます。

長方形のバリエーション

①上をカットしてバッグ

② 前側真ん中をカットしてブックカバー

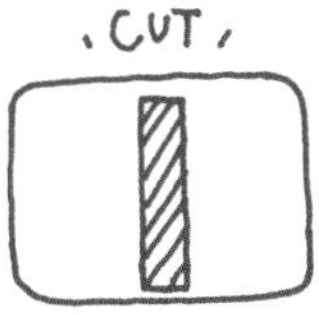

③前半分をカットして
ポーチ＆キーケース

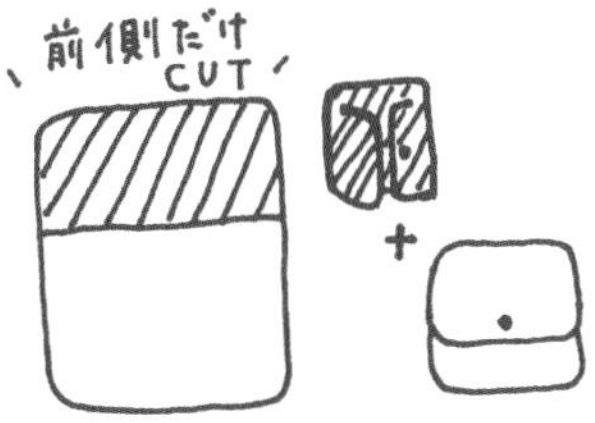

④持ち手部分をカットして
持ち手一体型バッグ

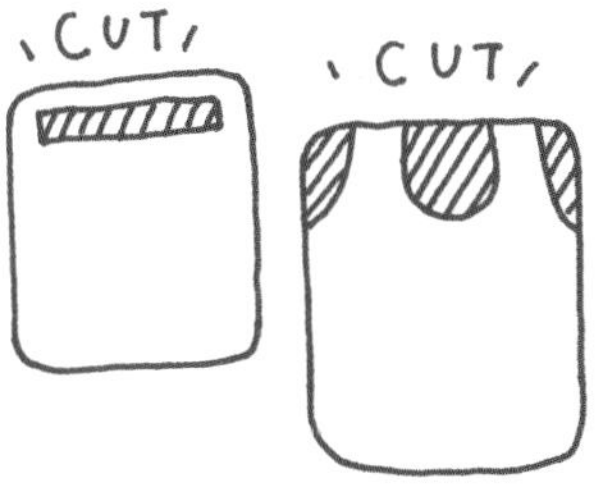

ひとつの型紙でふたつのものが作れる

⑤切ったフェルトをベルトにしたポーチ

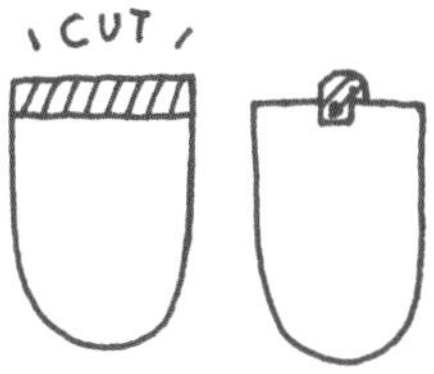

⑥手袋

⑦ブーツ型ルームシューズ

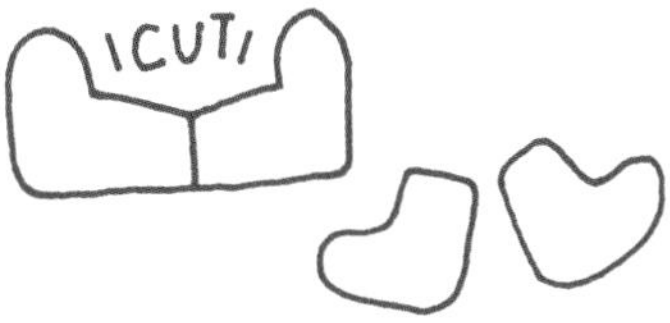

これらのテクニックを使って作品を作ってみましょう >>>

Handmade felt work 1

シート・テクニックで
リバーシブルコースター

フェルト化するタイミングや加減を知るのにとても有効な
コースター作り。色々な形を作ると楽しい。

Handmade felt work 1

リバーシブルコースター

[Reversible coaster]

how to make >>> P.62

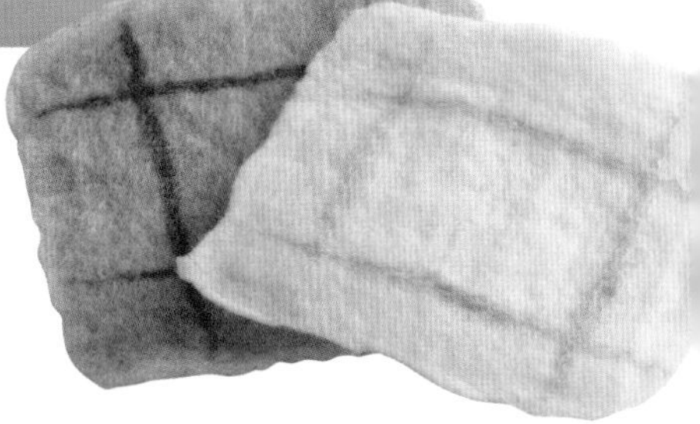

Handmade felt work 2

ラインコースター

[Line coaster]

how to make >>> P.62

Handmade felt work 3

シート・テクニックで
巻き座布団

ゴムをつけて、巻いて持ち歩ける
ようにしました。ステッチするだけ
でとても丈夫になります。

[Rolling square cushion]
how to make >>> P.63

Handmade felt work 4

シート・テクニックで
フェルトびん

シート・テクニックの応用で、
空き瓶を羊毛でくるんで
リメイクしました。

[Felt bottle]　how to make >>> P.64

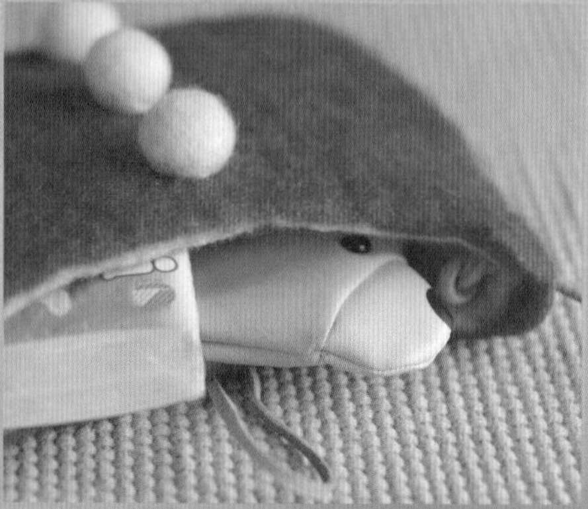

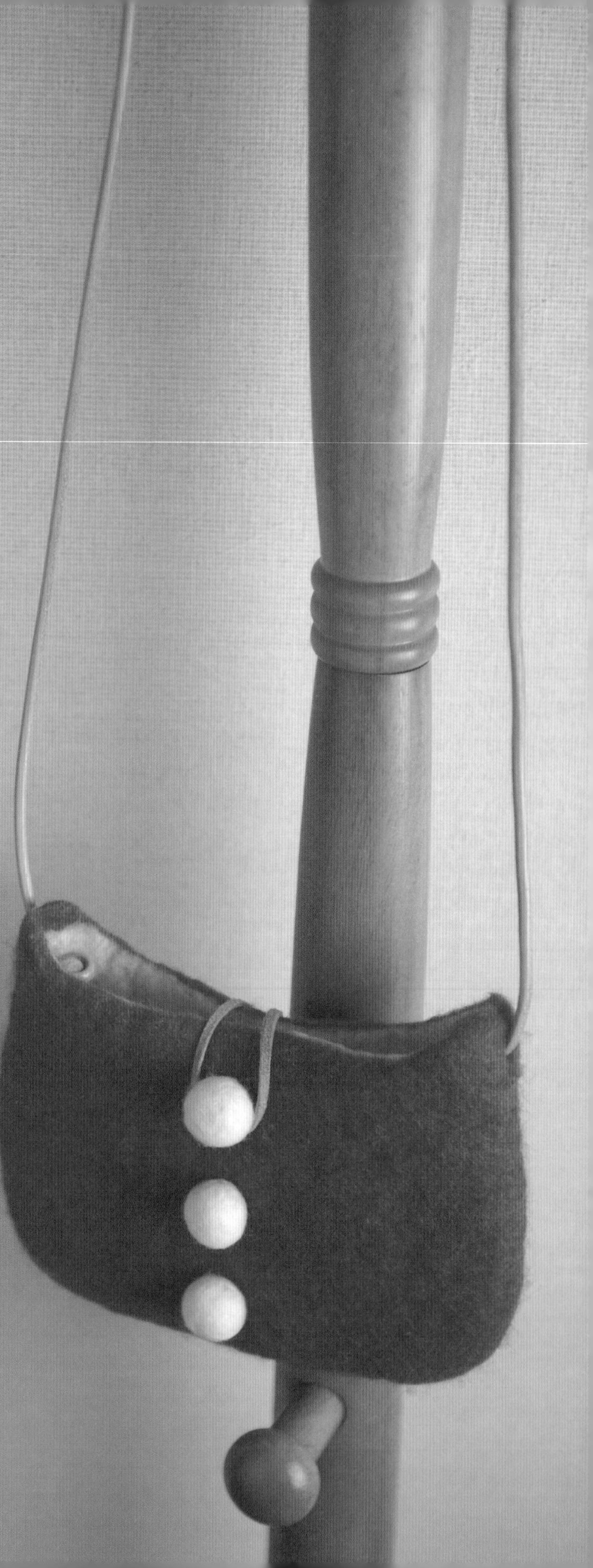

Handmade felt work 5

パターン･テクニックで

ミニポーチ

革紐と羊毛フェルトは、相性がよい素材同士。
ミニポーチは革紐を結ぶだけで
持ち手の長さ調節が可能です。

[Mini pouch]
how to make P.65

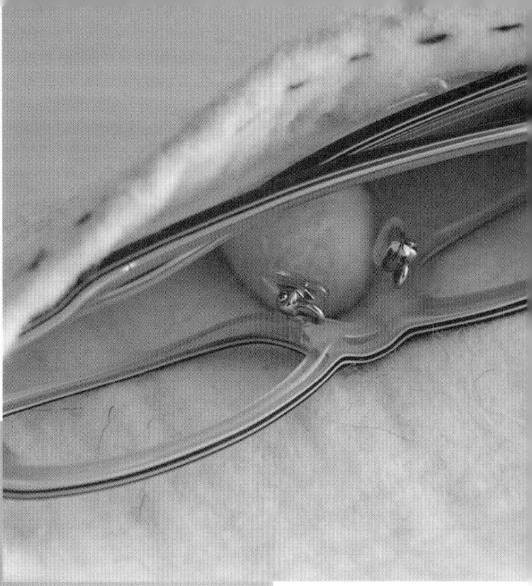

Handmade felt work 6
めがねケース [Glasses case]

フェルト化した羊毛は弾力性と、
ほどよい硬さがあり、壊れやすい
ものを入れるのに適しています。

how to make >>> **P.66**

Handmade felt work 7
カードケース [Card case]

お財布の中でまとまらないカード類。
羊毛フェルトでケースを作ったら、バッ
グの中でも手触りですぐ見つかります。

how to make >>> **P.67**

Handmade felt work 8

ガーゼ・テクニックで

ウールガーゼブランケット

赤ちゃん用のブランケットには、優しい自然素材がいいですね。
化学繊維のブランケットとは温かさが数段違います。

[Wool gauze blanket]
how to make >>> P.68

Handmade felt work 9

ガーゼ・テクニックで
ダブルガーゼマフラー

羊毛がフェルト化して縮むので、綿のダブルガーゼにたくさんのシワシワができて、肌触りもよくて温かい。

[Double gauze muffler] how to make >>> P.69

Needle & handmade felt work

ニードル&ハンドメイドフェルトの
メッセージカード

このふたつの手法を使うと、イメージが形になることを実感します。それぞれの特徴を知って、活かすことが大切です。

[Message card]
how to make >>> P.70

作り方

Contents

始める前に読んでおきましょう

- 作り方ではテクニック名を使って説明をしています。各テクニックをしっかり覚えておきましょう。
- 作り方に一度目を通してから始めましょう。
- 必要な道具について、ニードルフェルトはP8、ハンドメイドフェルトはP32を見てそろえましょう。それ以外に必要なものは、道具の欄に明記しています。
- 作品例の羊毛はすべてパオの製品を使用しています。また、作品は基本的にスライバーを使用しています。スライバー以外のものは、「材料」に明記しています。
- 基本的な作業はすべて「まとめ用」を使用していますが、「作り方」には特に記していません。それ以外のニードルを使用する場合のみ、明記しています。
- 羊毛の分量は作業効率を考え、「20cm1/2」などとし、適量分を記しています。これは20cmにちぎった羊毛を縦に1/2に分割するという意味です。

Needle felt work 1

てんとう虫のマグネット

Page 20

材　料（1 個分）

●羊毛
　胴体　　ロムニー（赤）　20㎝1/2
　頭・模様　メリノ（M−78）　少量
　葉っぱ　　メリノ（M−26）　少量
●マグネット（直径2㎝）　1個

道　具

クラフトボンド

できあがり寸法

縦3.5cm×横3cm

1 ボール・テクニックで、ロムニー（赤）を直径 2.5cm のボールにする。底に決めた部分を何度もさして平らにする。仕上げ用で全体をさし、表面をなめらかにする。
2 模様・テクニックで、メリノ M-78（黒）で胴体にラインをつけ、凸・テクニックで頭をつける。でっぱりに対し、ニードルを垂直に深くさして頭を胴体にしっかりつける。
3 模様・テクニックで、メリノ M-78（黒）でドット模様をつける。ニードルを横に倒して、各ドットのキワをぐるっと一周するようにさし、立体感を出す。
4 メリノ M-26（黄緑）の羊毛を少量取り、てんとう虫から少しはみ出すように底にさしつける。
5 葉っぱの裏にクラフトボンドでマグネットをつけて完成。

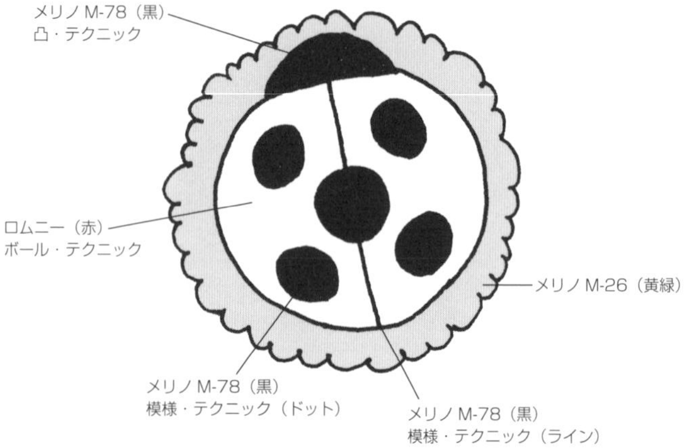

Needle felt work 2

ハートの携帯ストラップ

Page 20

材　料（1 個分）

●羊毛
　ロムニー（赤）　20㎝1/3
●ビーズ
　スワロフスキー＃5000 6㎜
　　クリスタル　1 個
●9ピン（0.8×35㎜）　1 個
●丸カン（0.8×6㎜）　1 個
●ストラップ（長さ4㎝）　1 本

道　具

ヤットコ
千枚通し
ハサミ

できあがり寸法

縦4cm×横3cm（ハートのみ）

1 ボール・テクニックで、ロムニー（赤）で直径 4cm のボールを作る。この時、ボールをさしすぎて硬くしないこと。
2 凹・テクニックでハートのへこみを作り、ハートのとんがりを作る。図のように、さす面の反対側を台にくっつけると、とんがりがきれいに仕上がる。仕上げ用で全体をまんべんなくさし、丸みを出す。
3 スワロフスキー＃ 5000 に T ピンを入れ、図のように曲げて余分な長さをハサミで切り、上をヤットコで丸める。
4 ハートの縦中央に千枚通しなどで穴を貫通させ、9 ピンを入れ、先を丸め、スワロフスキーの T ピンを通す。
5 9 ピンの上のループを丸カンに通し、ストラップにつなげて完成。

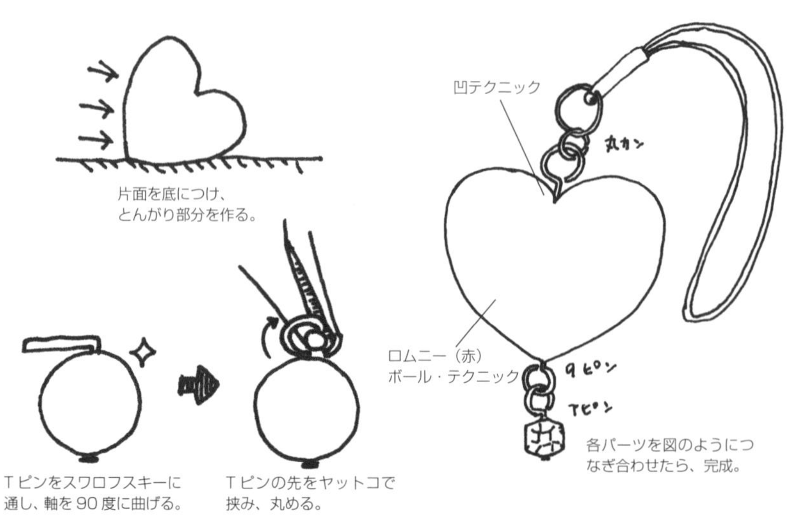

Needle felt work 3
アヒルの顔バッジ

Page 20

材　料（1 個分）

●羊毛
　顔　　メリノトップ（白）　20cm1/3
　頭髪　　メリノトップ（白）少量
　くちばし　メリノ（M－29）　少量
　目　　　メリノ（M－78）　少量
●バッジ金具（直径2cm）　　1 個

道　具

クラフトボンド

できあがり寸法

縦3cm×横2.5cm

1 ボール・テクニックで、顔用のメリノトップ（白）の半分でボールを作る。
2 金具の接着面になる部分を決めたら、平らになるように何度もさす。
3 顔用のメリノトップ（白）の残りを 1 に巻きつけ、卵形になるようにさし、仕上げ用で仕上げる。
4 メリノ M-29（黄色）を顔に載せ、凸・テクニックでくちばしを作る。口先はとがらせるように。メリノ M-78（黒）を丸め、模様・テクニックで目をさしつける。頭髪用のメリノトップ（白）を頭の上に植毛・テクニックでさす。
5 バッジ金具を乾いた布で拭き、接着面にクラフトボンドを塗り、アヒルの顔の裏面につける。30 秒ほど押さえてボンドが乾いたら完成。

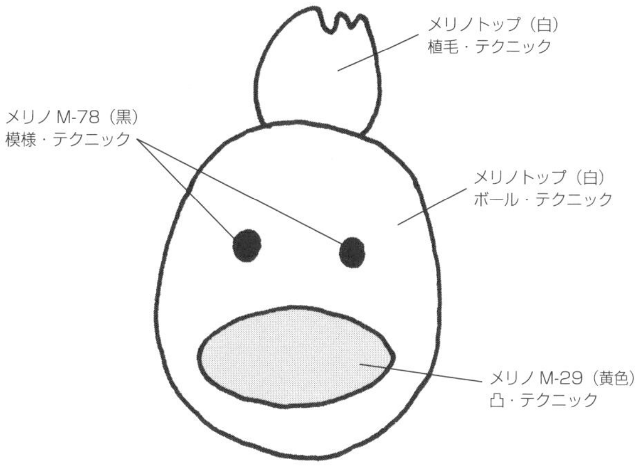

Needle felt work 4
カエルの顔バッジ

Page 20

材　料（1 個分）

●羊毛
　顔　メリノ（M－26）　20cm1/2
　目　メリノトップ（白）　少量
　　　メリノ（M－78）　少量
●バッジ金具（直径2cm）　1 個

道　具

クラフトボンド

できあがり寸法

縦2.5cm×横3cm

1 ボール・テクニックで、メリノ M-26（黄緑）の半分でボールを作り、金具の接着面になる部分を決めたら、平らになるように何度もさす。
2 残りの 2/3 を 1 に巻きつけ、ラグビーボールの形になるようにさす。
3 残りの 1/3 で凸・テクニックで、目になるふたつのでっぱりを作る。凸の境目はきれいにする。
4 メリノトップ（白）を凸部分の前面に載せ、模様・テクニックの要領でさす。その上にメリノ M-78（黒）を細長く丸めてさしつける。模様・テクニックでメリノ M-78（黒）細いラインをつけ、口を作る。
5 バッジ金具を乾いた布で拭き、接着面にクラフトボンドを塗り、カエルの顔の裏面につける。30 秒ほど押さえてボンドが乾いたら完成。

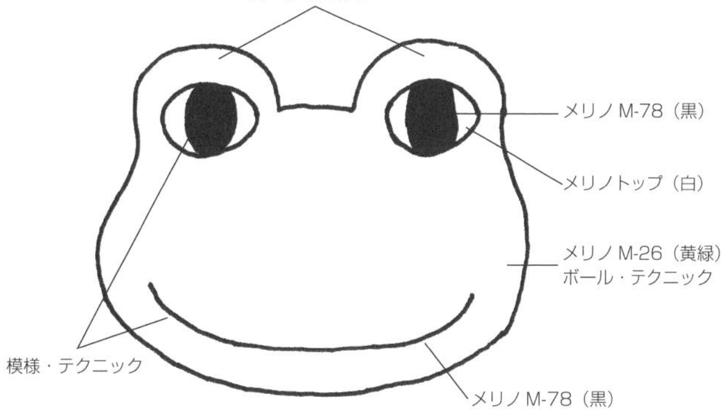

Needle felt work 5

トイプードル

Page 21

材　料（1体分）

〈茶色のトイプードル〉

- ●羊毛
  - コア　ロムニー（ミディアム）　20cm
  - 鼻　ロムニー（M−78）　少量
- ●ループ毛糸（リッチモアコアラCOL.10）　200cm
- ●ソリッドアイ黒（4mm）　2個
- ●刺しゅう用毛糸（水色）　少量

〈白いトイプードル〉

- ●羊毛
  - コア　メリノトップ（白）　20cm
  - 目／鼻　ロムニー（M−78）　少量
- ●ループ毛糸（リッチモアコアラCOL.1）　200cm
- ●刺しゅう用毛糸（赤）　少量

道　具

目打ち／ボンド／サンドイッチカード

できあがり寸法

高さ6.5cm　最大幅5.5cm

〈茶色のトイプードル〉

1 コアメイク・テクニックで、ロムニーミディアム（茶色）で雪だるまコアを作る。

2 植毛・テクニックで、コア全体に隙間なく茶色のループ毛糸を植毛する。

3 鼻を作る。茶色のループ毛糸を直径2cmのボールになるまで巻き、サンドイッチカードで挟み、平べったい楕円状になるよう形を整えながらさす。それをトイプードルの鼻になる部分にさしつけ、さらに上から毛糸を外から中央に向かってグルグル巻きつけながらさし、鼻の高さを出す。

4 耳を作る。茶色のループ毛糸を直径3cmの丸い面になるまで巻き、サンドイッチカードで挟み、平べったい楕円状になるよう形を整えながらさす。楕円状の毛糸の上から毛糸を外から中央に向かってぐるぐる巻きつけながらさして二重にする。同じ要領で、もうひとつ作る。

5 耳を頭につける。ひとつを、位置を調整しながらつける。つける時は耳の上部分だけをさしつける。同じ要領で、もう一方の耳もつける。

6 模様・テクニックで鼻の黒ポチをつける。ロムニーM-78（黒）の少量を軽く丸めて、鼻の上部分に仮留めする。

7 鼻の位置を見て、目の位置を定め、目打ちを入れてソリッドアイにボンドをつけてさし入れる。

8 目を入れたら、もう一度、仮留めした鼻の位置を調整し、ニードルでしっかりさす。

9 尻尾をつける。茶色のループ毛糸6cmをふたつ折りにしてサンドイッチカードに挟み、さして1本にする。輪と反対部分を1/4程ささずに2本のまま残し、その部分をお尻に深く、埋め込むようにさしてつける。

10 水色の毛糸の端を首の後ろにさして埋め込み、模様・テクニックで首回りにぐるっと一周させてさす。つなぎ目がわからないように、3cmかぶせてさし留め完成。

※白いトイプードルは、茶色のプードルと色違いで作り方は同じですが、目の部分にソリッドアイではなく、黒い羊毛をつけています。

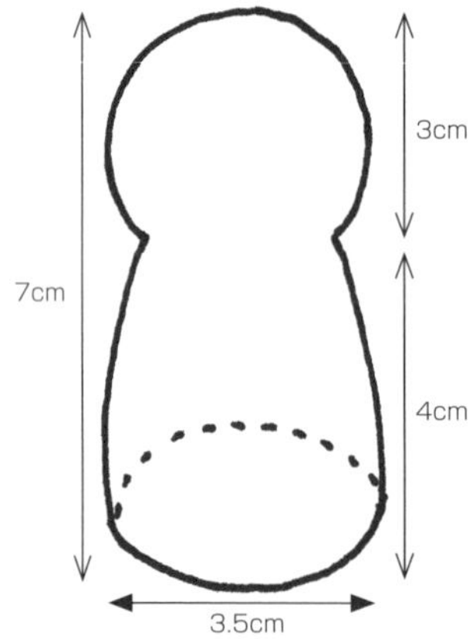

コアの大きさ

頭のてっぺんからループ毛糸をグルグルと巻きつけるように、全体を植毛していく。

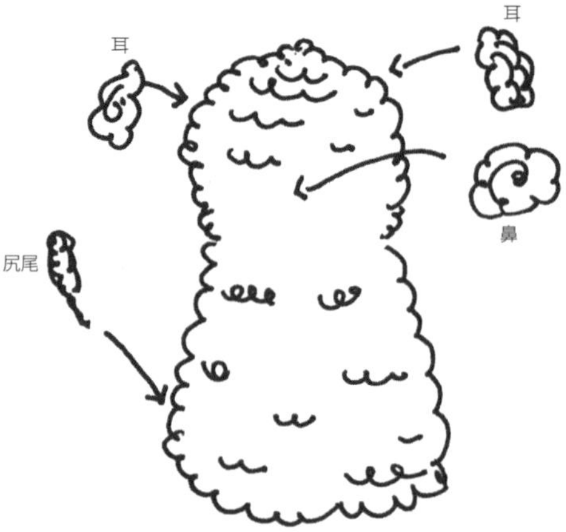

各パーツを植毛したボディにさしつける。

目と鼻の黒ポチをつけ、首輪をさしつけて、完成。

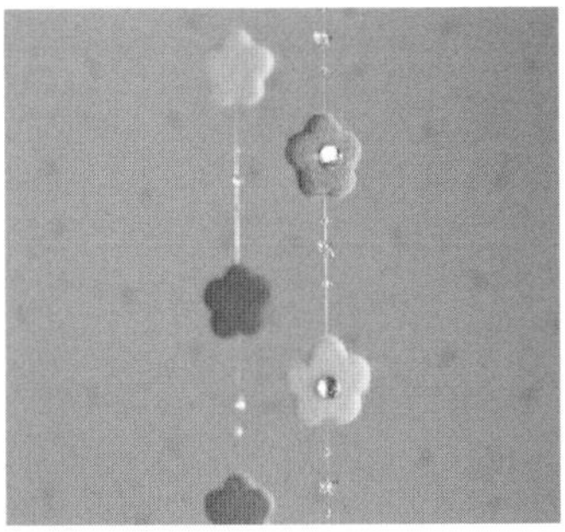

Needle felt work 6

四季のサンキャッチャー Spring

Page 22

材　料（1本分）

●羊毛
メリノ（M−26）　10cm
コリデール（スオウ濃）　10cm
ロムニー（ひよこ色）　10cm

●ビーズ
スワロフスキー#2072 10mm クリスタル/F　3個
アクリル　ソロバン型 5mm アクアマリン　6個
スワロフスキー#5754 8mm
クリスタル、Lt.ローズ、ジャンキル　各1個

●花のクッキーカッター
●テグス（3号）　約100cm
●つぶし玉（1.5mm）　4個
●ウッドリング　1個

道　具

クラフトボンド／ヤットコ
針（針穴にテグスが通るもの）

できあがり寸法

76cm

1 羊毛をそれぞれクッキー・テクニックで花の形にする。花の表面を決めたら、スワロフスキー# 2072 をクラフトボンドでつける。
2 テグスを約 100cm にカットし、テグスの先につぶし玉（金属性の小さな玉。パーツを固定する時に使用）をつけ、ヤットコでつぶす。
3 つぶし玉をつけた先の反対から針にテグスを通し、フェルトの花の縦中心を貫通させ、花をつぶし玉の上まで通す。
4 花から 8cm のところを指で押さえて位置を定め、アクリルソロバン型にテグスを通す。ソロバン型の下穴からもう一度テグスをくぐらせ、テグスを引っ張り、位置を固定する。残りのビーズも同様につける。
5 パーツを図の順にすべてつけていく。フェルトの花はつぶし玉で位置を固定する。
6 最後のパーツから 15cm 上につぶし玉を入れ、テグスをウッドリングに 5 回巻きつけ、テグスをつぶし玉に通してヤットコでつぶし、余ったテグスはカットして完成。

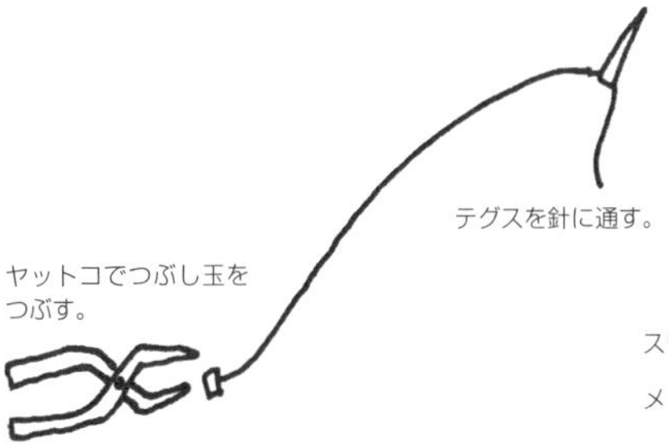

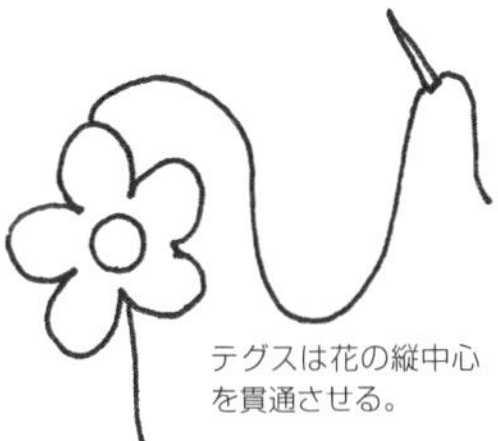

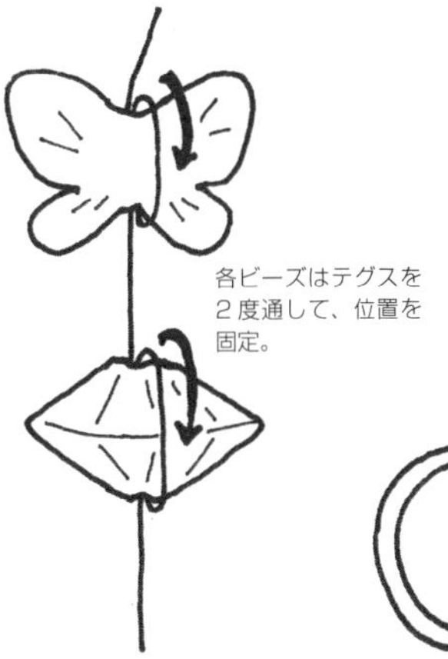

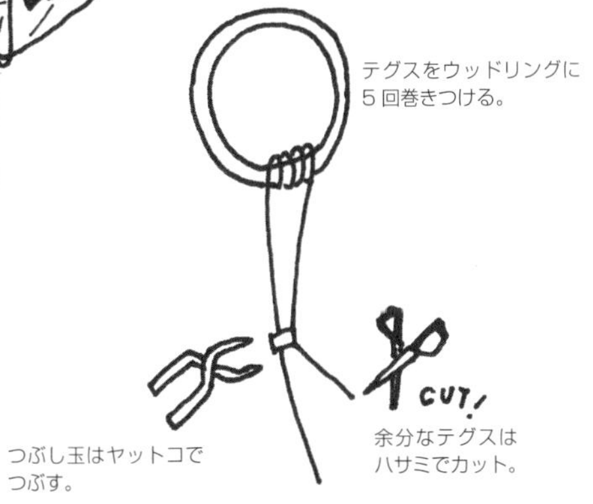

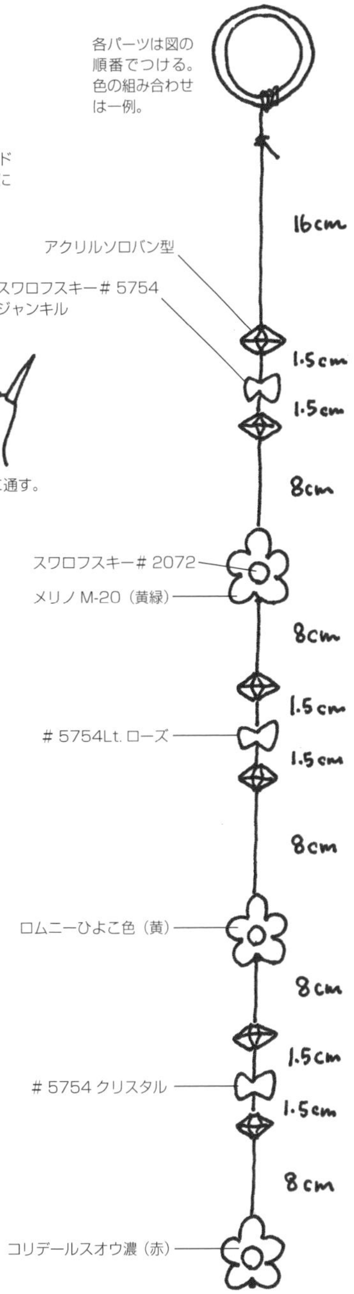

Needle felt work 7

四季のサンキャッチャー Summer

Page 22

材　料（1 本分）

●羊毛

カモメ	メリノトップ（白）	10㎝
	メリノ（M-78）	少量
	ロムニー（黄色）	少量
灯台	メリノトップ（白）	10㎝
	メリノ（M−1）	少量
ヨット	メリノトップ（白）	10㎝

●毛糸（赤、紺、黄）　少量
●ビーズ
スワロフスキー＃5040 12㎜ クリスタルＡＢ　3個
スワロフスキー＃6723 28㎜ クリスタルＡＢ　1個
●カモメ、灯台、ヨットのクッキーカッター　各1個
●テグス（3号）　約100㎝
●つぶし玉（1.5㎜）　8個
●ウッドリング　1個

道　具

ヤットコ
針（針穴にテグスが通るもの）

できあがり寸法

長さ66cm

1 クッキー・テクニックを使い、メリノトップ（白）でカモメ、灯台、ヨットをそれぞれ1個ずつ作る。立体的になるように凸・テクニックで羊毛を増やしながらさし、仕上げ用で表面をなめらかにする。模様・テクニックで図を参照しながらそれぞれに模様をつける。
2 テグスを約 100cm にカットし、先につぶし玉を入れたテグスにスワロフスキー＃ 6723 を通し図を参考に固定する。
3 スワロフスキーから 8cm 上につぶし玉をつけてヤットコでつぶし、テグスを針に通してヨットに通す。
4 残りのパーツを図の順にすべてつけていく。すべてのパーツをつぶし玉で留める。
5 ウッドリングにテグスを巻きつけ、つぶし玉で留めれば完成。

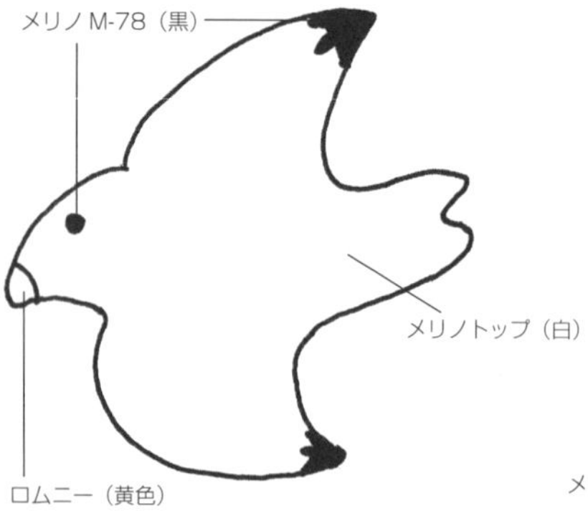

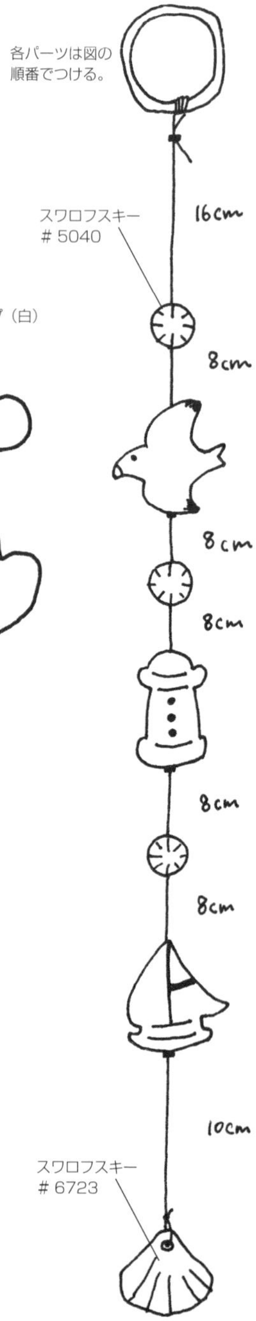

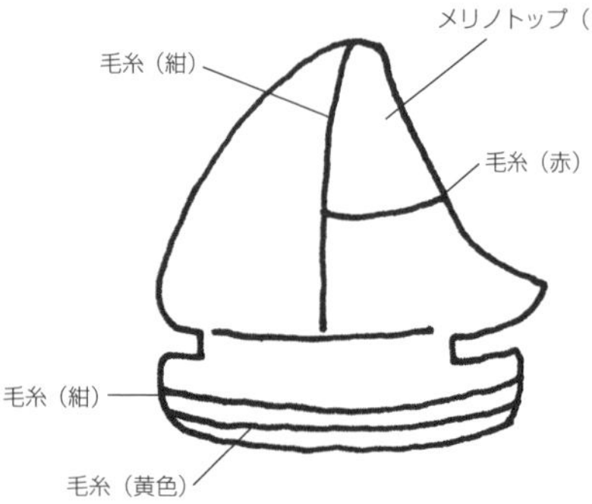

スワロフスキー＃ 6723 をつける時は、通したテグスの一方につぶし玉をつけ、もう一方をつぶし玉の中に入れ、ヤットコでつぶす。余分なテグスはハサミでカット。

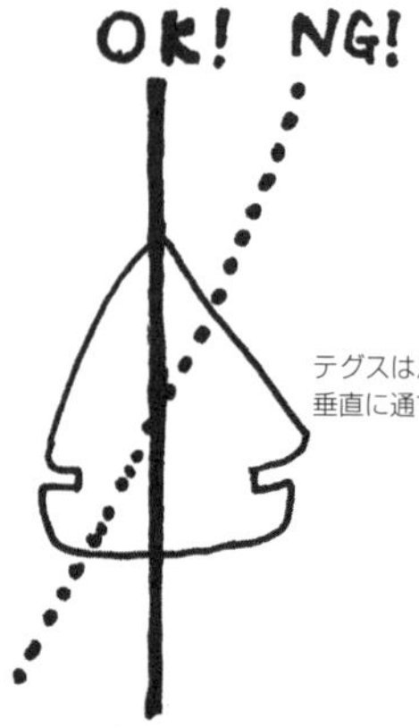

テグスはパーツに対して、垂直に通すこと。

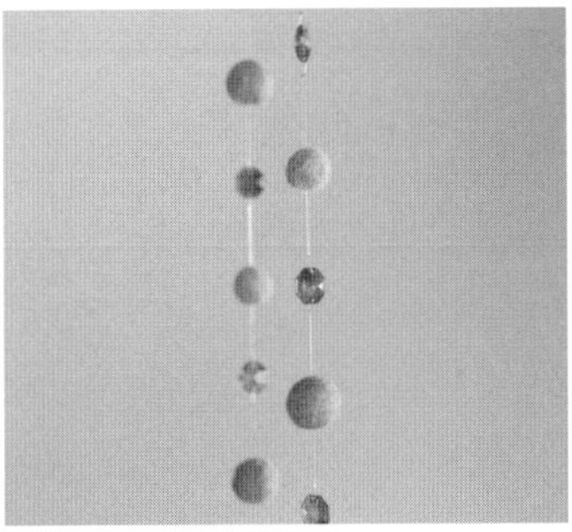

Needle felt work 8

四季のサンキャッチャー Autumn

Page 23

材 料（1本分）

●羊毛
手作りメリノ（ライト） 20㎝

●ビーズ
スワロフスキー＃8950 32㎜×23㎜
ゴールデンチーク 1個
スワロフスキー＃8116 14㎜
ボルドー、アンティークグリーン、
ゴールデンチーク 各1個

●テグス（3号） 約100㎝

●つぶし玉（1.5㎜） 11個

●ウッドリング 1個

道 具

ヤットコ
針（針穴にテグスが通るもの）

できあがり寸法

長さ66cm

1. 手作りメリノ（ライト）から少しずつ縦に分割し、ボール・テクニックで直径2cmのフェルトボールを3個作る。
2. テグス約100cmを4本に均等にカットする。1本のテグスの先につぶし玉を入れて、スワロフスキー＃8950を通し、つぶし玉をヤットコでつぶして固定する。
3. スワロフスキー＃8950から8cm上につぶし玉をつけてヤットコでつぶし、テグスを針に通しフェルトボールに通す。
4. フェルトボールから8cm上につぶし玉をつけ、スワロフスキー＃8116を図の要領でつける。
5. 残りのパーツを残りのテグスを使って図の順にすべてつけていく。すべてのパーツをつぶし玉で留める。
6. ウッドリングにテグスを巻きつけ、つぶし玉で留めれば完成。

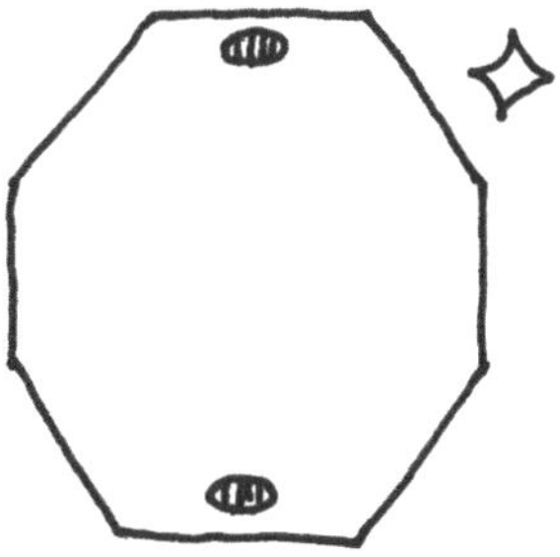

スワロフスキー＃8116
には通し穴がふたつある。

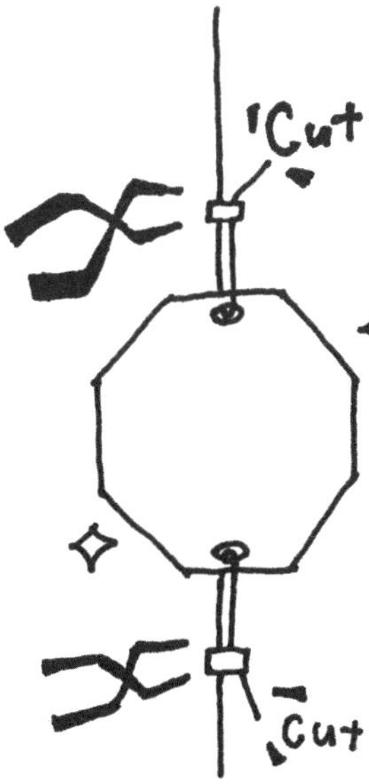

両方の穴にテグスを通し、つぶし玉をつぶして固定。余ったテグスはハサミでカット。

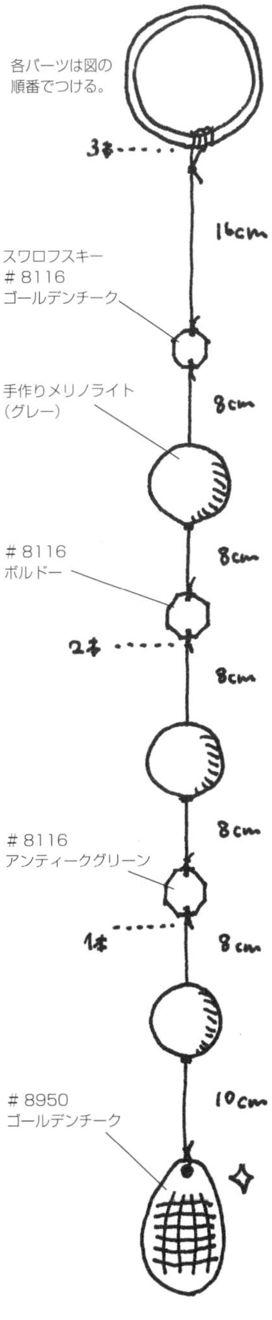

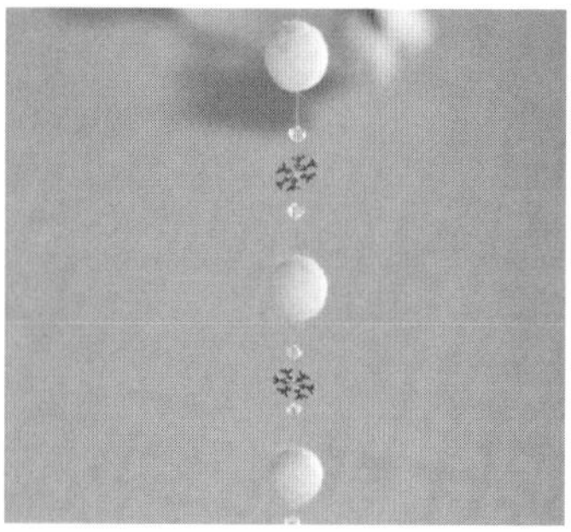

Needle felt work 9

四季のサンキャッチャー Winter

Page 23

材　料（1本分）

●羊毛
　メリノトップ（白）　20㎝
●ビーズ
　アクリル ソロバン型 5㎜ クリスタル　8個
　雪の結晶パーツ　4個
●テグス（3号）　約100㎝
●つぶし玉（1.5㎜）　5個
●ウッドリング　1個

道　具

ヤットコ
針（針穴にテグスが通るもの）

できあがり寸法

長さ70cm

1 メリノトップ（白）から少しずつ縦に分割し、ボール・テクニックで直径2cmのフェルトボールを4個作る。
2 テグスを約100cmにカットし、テグスの先につぶし玉を入れて、テグスを針に通してフェルトボールを通し、つぶし玉をヤットコでつぶして固定する。
3 ボールから8cmのところにアクリルソロバン型をP53の図の要領でつける。
4 雪の結晶パーツはソロバン型から1.5cm上のところに図のようにテグスを巻きつけ、つける。
5 残りのパーツを図の順にすべてつけていく。
6 ウッドリングにテグスを巻きつけ、つぶし玉で留めれば完成。

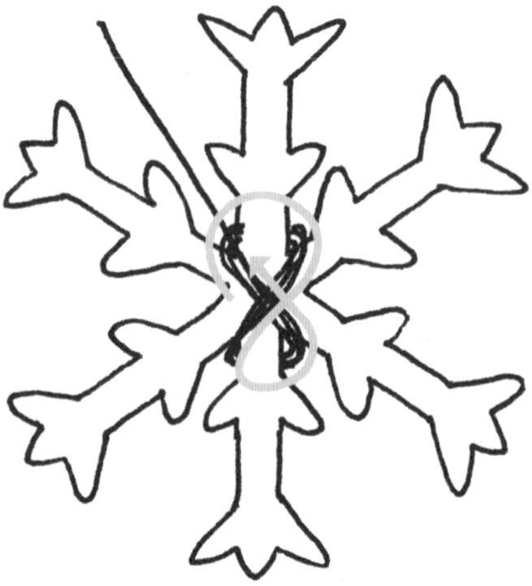

雪の結晶パーツには、中心に8の字を描く要領でテグスを2～3回巻きつける。

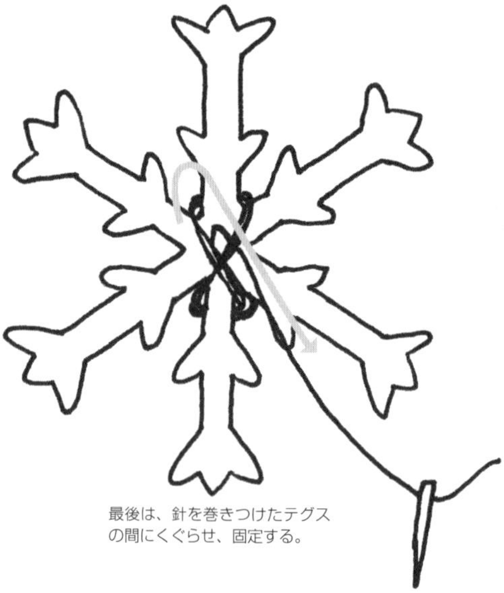

最後は、針を巻きつけたテグスの間にくぐらせ、固定する。

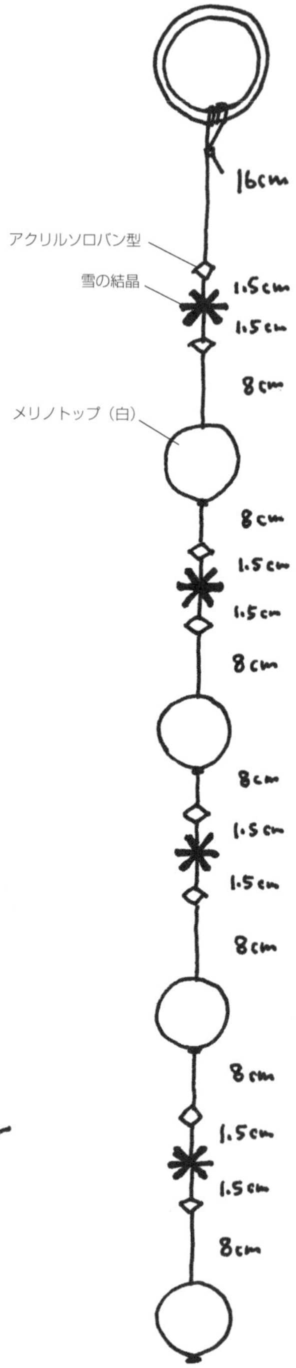

Needle felt work 10〜14

クリスマスオーナメント

Page 24

1 クッキー・テクニックでそれぞれの形を作る。

2 模様・テクニックで図を参照しながら各パーツをさしつける。サンタのヒゲは植毛・テクニックで。

3 千枚通しでパーツの頭に穴を開け、麻紐を通して完成。

材　料（各１個分）

●羊毛

〈1．サンタ〉

ロムニー（赤）	20㎝
メリノ（M−88）	10㎝1/4
メリノトップ（白）	少量
メリノ（M−78）	少量
ループ毛糸（白）	少量

〈2．トナカイ〉

手作りメリノ（ダーク）	10㎝
ロムニー（赤）	少量
メリノ（M−78）	少量
メリノトップ（白）	少量

〈3．雪だるま〉

メリノトップ（白）	10㎝
メリノ（M−78）	少量
メリノ（M−60）	少量

〈4．ミトン〉

ロムニー（緋色）	10㎝
●毛糸（白、青）	少量

〈5．ひつじ〉

メリノトップ（白）	10㎝
メリノ（M−78）	少量

●クッキーカッター

サンタ、トナカイ、雪だるま

ミトン、ひつじ

●麻紐　　適量

道　具

千枚通し

できあがり寸法

イラスト参照

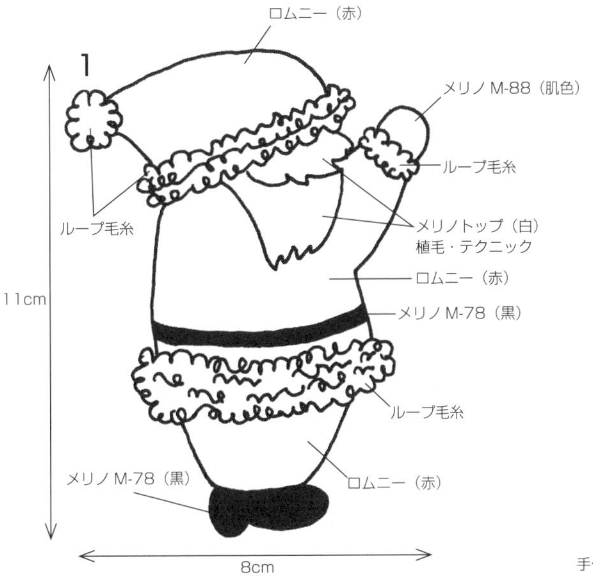

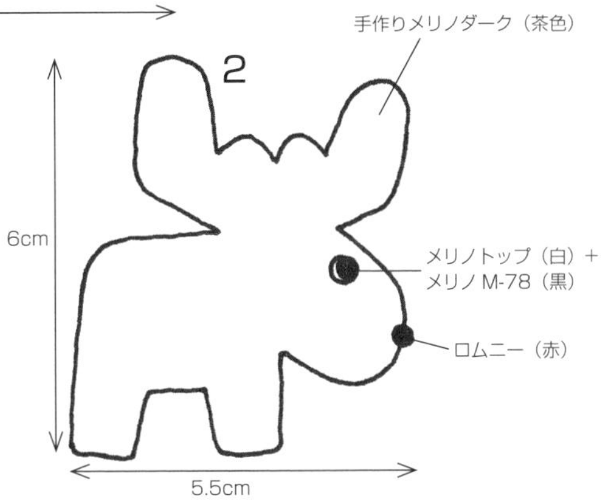

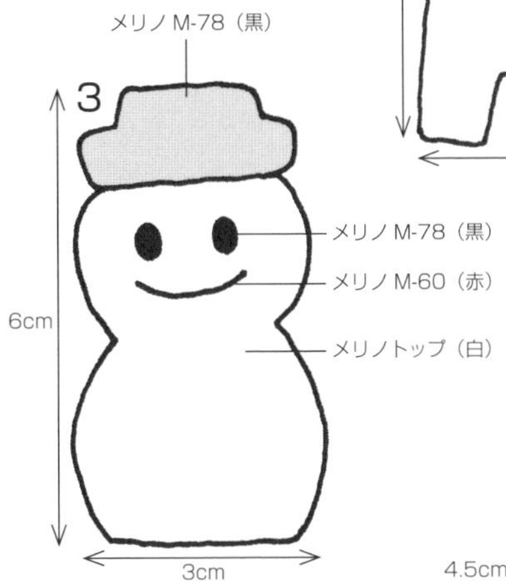

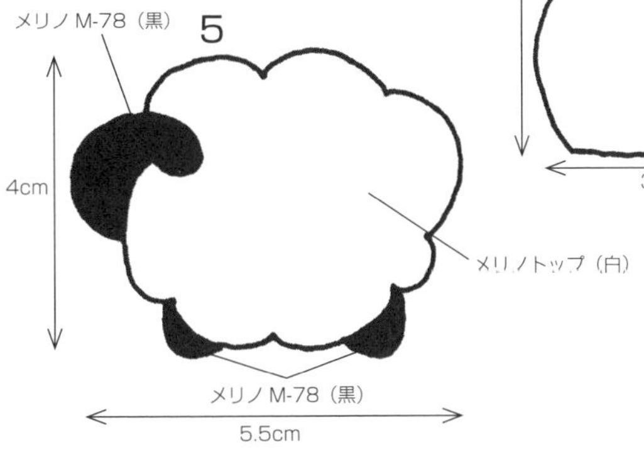

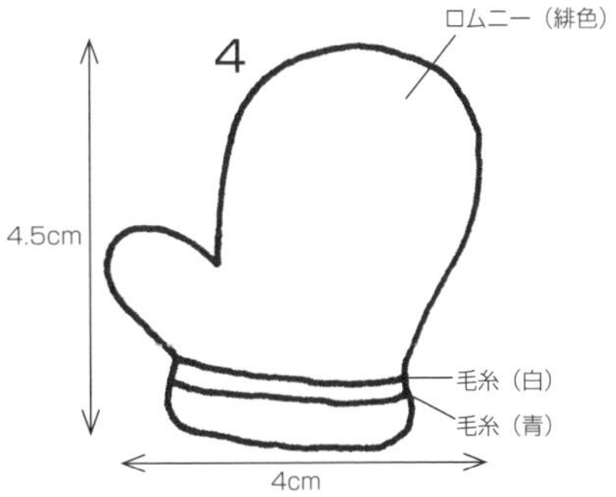

Needle felt work 15

クリスマスオーナメント・雪

Page 25

材　料（1個分）

●羊毛
　メリノトップ（白）　5cm
●雪のクッキーカッター　1個
●麻紐　適量

道　具

千枚通し

できあがり寸法

縦4cm×横4cm

1 クッキー・テクニックで、メリノトップ（白）で雪の形を作る。それぞれの角をきれいに出すため、型の上にひとつまみずつ羊毛を図のように置くのがポイント。

2 オーナメントにする場合は、千枚通しで頭の上に穴を開け、麻紐を通して完成。ナプキンリングを飾る場合は、穴にテグスを通して結び、その部分にリボンを通す。

クッキーカッターに、図のように羊毛を置く。すべての角までまんべんなく羊毛が行き渡るように。

Needle felt work 16

クリスマスオーナメント・ヒイラギ

Page 25

材　料（1個分）

●羊毛
　葉っぱ　ロムニー（深緑）　5cm
　実　　　ロムニー（緋色）　少量
●ヒイラギのクッキーカッター　1個
●革紐（赤、緑）　各30cm
●縫い糸　適量

道　具

縫い針

できあがり寸法

縦4cm×横7cm

1 クッキー・テクニックで、ロムニー（深緑）でヒイラギの形を2枚作る。凹・テクニックで葉のフチのギザギザと葉脈を作る。

2 ボール・テクニックで、ロムニー（緋色）で実の部分を2個作る。

3 ヒイラギの葉を左右に置いて重なった部分をニードルでさしてくっつける。その上に赤い実をふたつ置き、ニードルでさして固定する。葉の裏に赤と緑の革紐を縫いつけリボン結びをして完成。

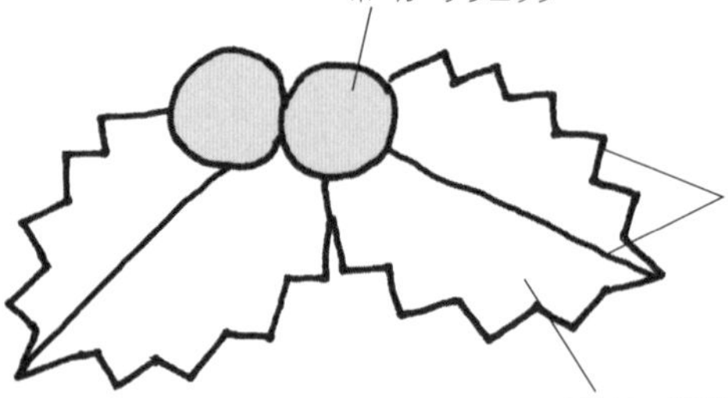

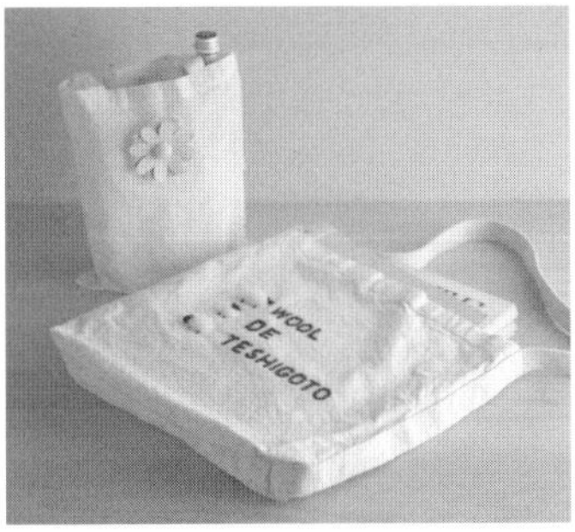

Needle felt work 17

エコバッグ／ひつじバッグ

Page 26

材　料（1 枚分）

●羊毛
　メリノトップ（白）　20cm
●刺しゅう用毛糸（こげ茶）　60cm
●帆布バッグ（市販）　1 枚

道　具

アルファベットスケール

1 文字をさしつける位置をよく確認してから、ベースのバッグにスケールを置く。アップリケ・テクニックで、こげ茶の毛糸でアルファベットをさしつける。ひと文字、ひと文字、曲がらないようにバランスよくさしていく。

2 ひつじを作る。アップリケ・テクニックでメリノトップ（白）をほぐして、さしつける。羊毛を多めに載せ、盛り上がりを作る。こげ茶の毛糸で頭と脚をさしつけて完成。

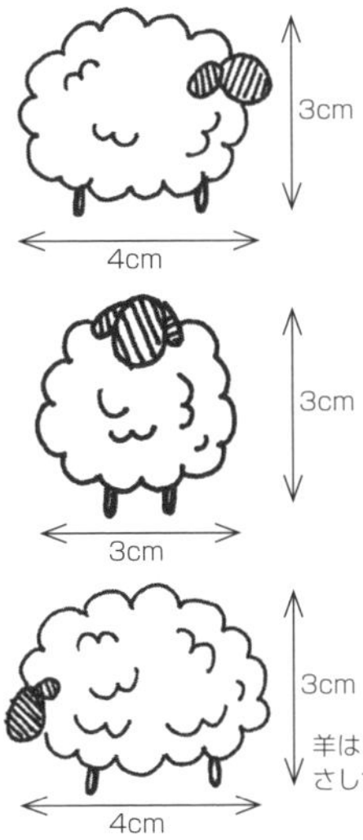

羊は図を参考に、さしつける。

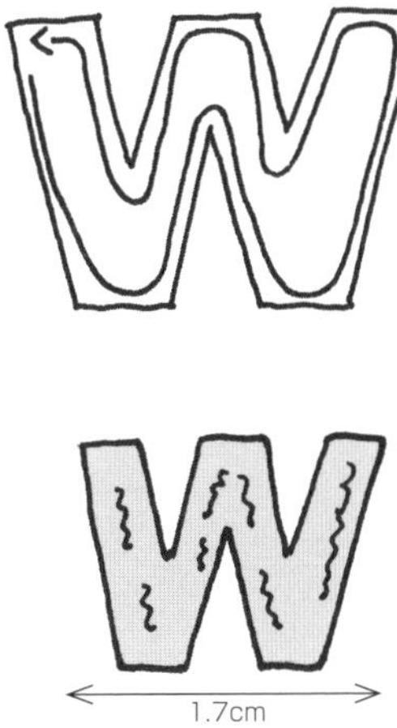

毛糸をスケールの輪郭に沿って、ぐるっと一周させる。

スケールをはずし、中を埋めるように毛糸をさす。

Needle felt work 18

エコバッグ／お花バッグ

Page 26

材　料（1 枚分）

●羊毛
　スペインメリノ（生成）　5cm
●市販のフェルト
（桜色、生成、ベージュ）　各1枚
●デージーのクッキーカッター
●コットンバッグ（市販）　1 枚

道　具

チャコペン

1 フェルト（市販）にデージーの型を載せ、チャコペンで型をなぞり、ハサミでカットする。各色作る。

2 ボール・テクニックで、スペインメリノ（生成）で直径 2cm のボールを作る。

3 切り抜いたフェルトを生成・ベージュ・桜色の順にそれぞれ花びらが重ならないように 3 枚重ね、中心にフェルトボールを置き、ニードルで何度もさして、取れないように固定する。

4 バッグにつける位置を決め、アップリケ・テクニックでバッグに花をさしつける。

※バッグの生地が薄かったり、目が粗かったりする場合は、針と糸で縫いつける。

デージーの型にカットした市販のフェルトを、花びらが重ならないように交互に重ね、中心にフェルトボールをさしつける。

バッグにフェルトをさしつける時は、一番下の 3 枚目の花びらのみニードルでさす。

Needle felt work 19

シロクマ親子

Page 28

材　料（シロクマ親分）

●羊毛

体　スペインメリノ（生成）100cm
植毛用　スペインメリノ（生成）80cm
目／口　メリノ（M－78）　少量
耳／鼻／尻尾／足
スペインメリノ（生成）少量

道　具

サンドイッチカード

できあがり寸法

親　高さ12cm　長さ20cm　最大幅8cm
子　高さ8cm　長さ12cm　最大幅6cm

1 コアメイク・テクニックの人形タイプで、体調 26cm、手足 6cm のコアを作る。首は長めにする。

2 コアをある程度硬くさしたら、仰向けにして、図のように手足を上にあげ、スペインメリノ（生成）を脚のつけ根から足先に向かってきつく巻く。これを４本の脚に行う。すべての脚をある程度の太さになるまで、ペン型ニードルホルダーでさし固める。さし固めると、脚が細くなっていくので、羊毛を追加する。ここで硬く作らないと、植毛した毛が取れてしまうので注意。

3 胴の部分もある程度の太さになるまで、羊毛を追加しながら硬くさし固めていく。首から頭にかけても同様に。頭の部分は丸くする。

4 植毛・テクニックで、脚から縦方向に羊毛の生成を図の順番でさしていく。４本の脚に植毛したら、お腹、背中、お尻と植毛していき、体全体をみっちり埋めるようにする。

5 首回りも植毛し、顔の部分は鼻の先約 1cm のみ残す。

6 すべてに植毛し終えたら、ハサミで植毛した羊毛をカットする。

7 スペインメリノ（生成）を適量、サンドイッチカードに挟み、耳と尻尾を作る。それらのパーツにも植毛をして、それぞれの位置に埋め込むようにつける。

8 顔の部分は、凸・テクニックでスペインメリノ（生成）を少し盛り上げるようにつけて鼻を作り、模様・テクニックでその先にメリノ M-78（黒）を丸めて鼻の黒ポチをつけ、目をつける。

9 足先の部分は、凸・テクニックでスペインメリノ（生成）でつけ、凹・テクニックで足の指のラインを入れて完成。

※シロクマの子供も同じ要領で作る。コアの部分をひと回り小さくし、顔の部分は鼻を短くすると子供らしさが出る。

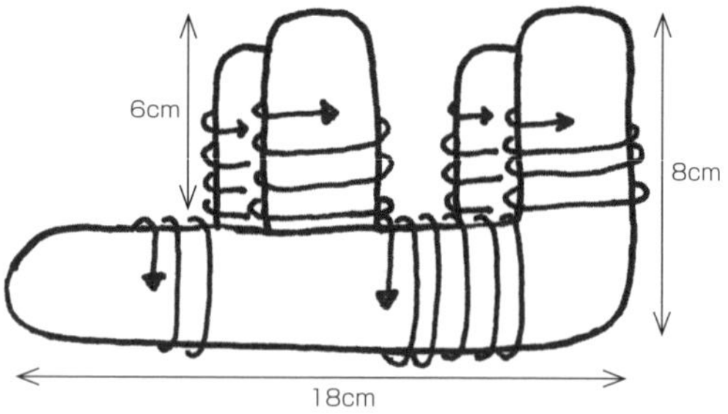

背中の部分を下に向け、４本の脚を上に向けて、図の矢印の方向に羊毛を巻いて、肉づけしていく。

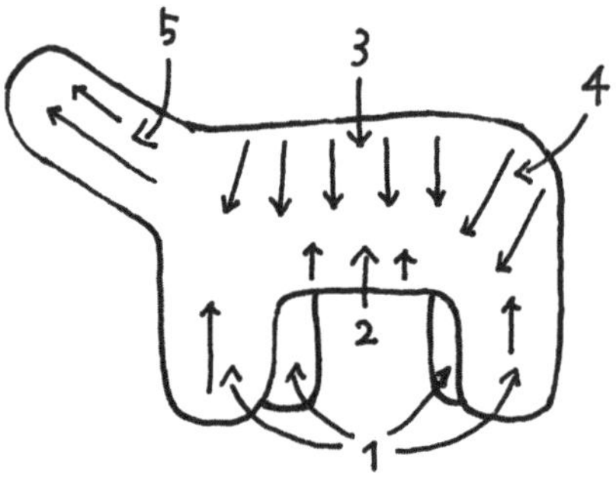

４本の脚から羊毛を植毛していく。お腹の下の部分は、胴体を上下にひっくり返して植毛。矢印の方向に沿って。

鼻先部分は植毛せず、少し残しておく。

凸・テクニックで鼻先をのばす。

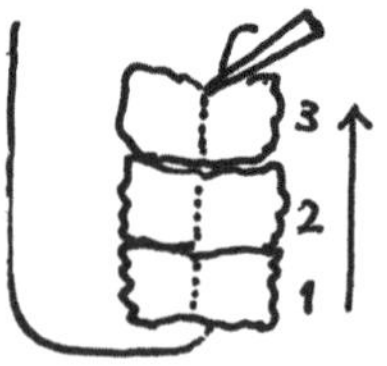

足先は少し残して、下から上に向かって図のように植毛していく。

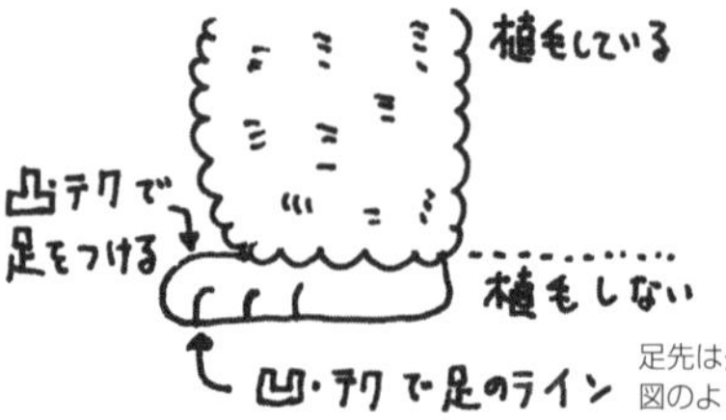

足先は少し残して、下から上に向かって図のように植毛していく。

Needle felt work 20

おやすみくまさん

Page 30

材 料（1 体分）

●羊毛
コア　シェトランド（モカ）　90㎝
肉づけ用　シェトランド（モカ）80㎝
耳／鼻／手先／足先／尻尾
　スペインメリノ（生成）　30㎝
目／鼻先　メリノ（M−78）　少量

道 具

サンドイッチカード

できあがり寸法

イラスト参照

1 コア用のシェトランド（モカ）を60cm（胴体）と30cm（腕）に分けて組み合わせ、コアメイク・テクニックの人形タイプを作る。
2 腕、胴体、脚の部分を、ペン型ニードルホルダーで立体的にさし固める。肉づけ用のシェトランド（モカ）を巻きつける時に、巻きやすい硬さになる程度でOK。
3 頭部分にシェトランド（モカ）40cmをきつく巻きつけて、さす。直径9cmのボール状になるまで頭全体をまんべんなくさす。
4 シェトランド（モカ）20cmを縦4等分したものを、両腕、両脚にきつく巻きつけてさす。手先、足先から胴体に向かって巻く。
5 シェトランド（モカ）40cmを肩に横に8の字を描くように巻きつけてさす。脚のつけ根にはシェトランド（モカ）20cmを8の字を描くように巻きつけてさす。胴にはシェトランド（モカ）40cmをグルグルときつく巻きつけてさす。この時、くまの前と後ろを決めておく。
6 体全体に膨らみを持たせる。シェトランド（モカ）20cmを縦に2等分し、指4本にグルグル巻いて形を作ったものを、お腹の部分に置いてしっかりとさしつける。お腹から胸に向けてや背中、お尻などにも羊毛で肉づけしていく。仕上げに、薄くちぎったシェトランド（モカ）を肉づけ部分にかぶせ、仕上げ用でくま全体を丹念にさすと、なめらかな表面に。
7 スペインメリノ（生成）を適量取り、手先、足先部分に巻きつけてさす。
8 スペインメリノ（生成）を少量、顔の鼻部分に載せ、凸・テクニックで鼻のでっぱりを作る。
9 スペインメリノ（生成）を適量、サンドイッチカードに挟み、耳を作り、頭にさしつける。
10 メリノ M-78（黒）を少量を丸め、模様・テクニックで目、鼻をさしつける。
11 スペインメリノ（生成）少量を、軽く丸めてさし固め、尻尾部分にさしつけて完成。

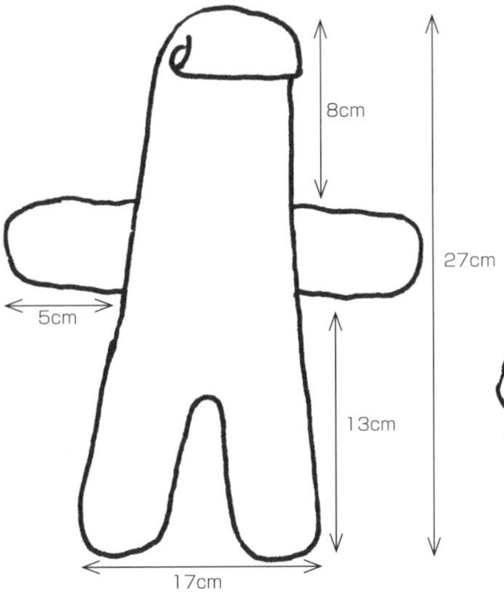

コアメイク・テクニックの人形タイプでくまのコアを作る。

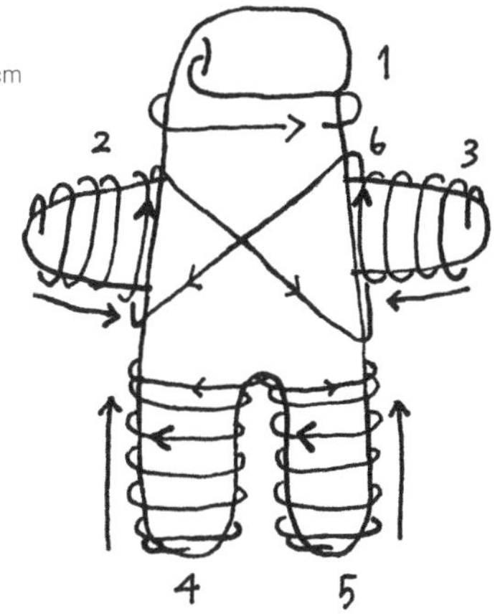

図の順番でコアに羊毛を巻きつけ、肉づけしていく。

4本の指に巻きつけて形を整えた羊毛を、お腹部分に置き、肉づけして、ポッコリとしたお腹を作る。

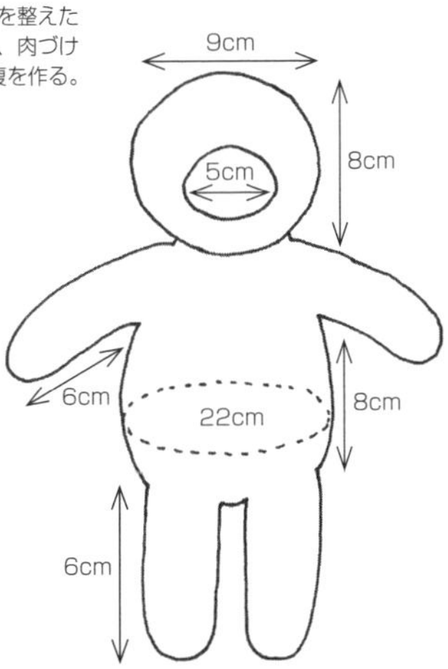

〈生成×亜麻色〉

1 メリノ（生成）とメリノ（亜麻色）をそれぞれ4等分に分ける。メリノ(生成)を2層並べ、その上にメリノ（亜麻色）を2層並べる。

2 シート・テクニック（P34）手順④～⑪を参照し、フェルト化する。

3 ハサミで丸くカットし、切り口部分はお湯と石けんでフェルト化する。親指と人さし指の間に挟み、何度も回すとフチがきれいに仕上がる。

4 シート・テクニック⑫～⑭を参照し、形を整え、乾かして完成。

※リバーシブルの場合はそれぞれの面に反対面の羊毛の色が多少出てきます。色の組み合わせを考える時に、この点を考慮しましょう。

Handmade felt work 1

リバーシブルコースター

Page 40

材　料（各１枚分）

〈生成×亜麻色〉

●羊毛

メリノ（生成）　3g

メリノ（亜麻色　3g

〈茜染め×モカ〉

●羊毛

メリノ（茜染め）　3g

シェトランドトップ（モカ）　3g

できあがり寸法

〈生成×亜麻色〉

最大幅12cm　最小幅10cm

〈茜染め×モカ〉

直径12cm

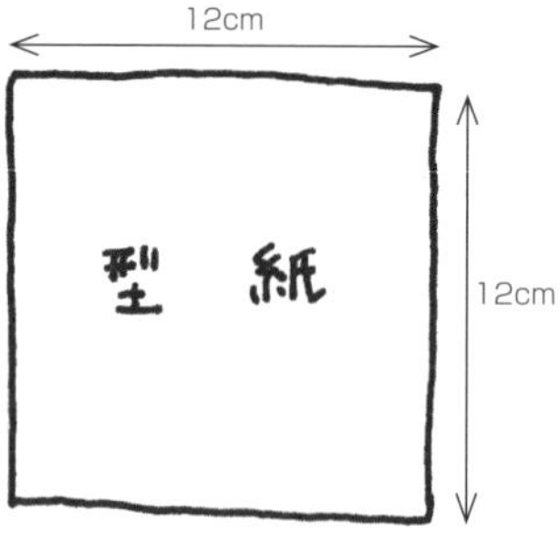

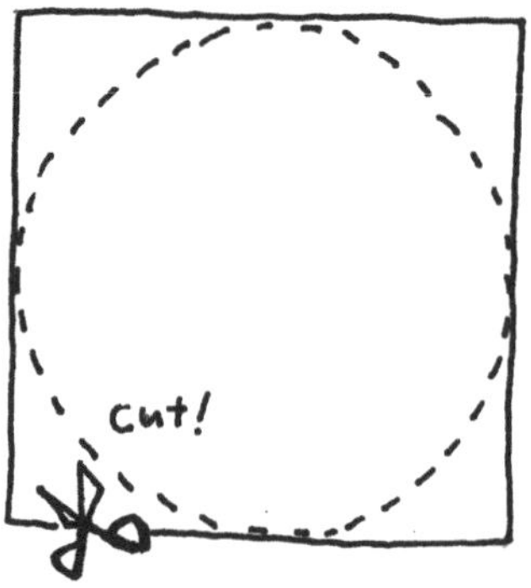

四角く作ったフェルトを、きれいな円にハサミでカット。いびつな円でもかわいい。

〈生成×亜麻色ライン〉

1 メリノ（生成）を８等分に分ける。

2 シート・テクニック（P34）手順①～⑥を参照し、羊毛にお湯をかけて空気を抜く。

3 メリノ（亜麻色）をひとつまみ取り、お湯で濡らし、2 の上に載せ、模様を作る。

4 3 をフェルト化する。模様の部分から、手をほんの少し揺らすような感じで優しくなでる。シート・テクニック⑦～⑭を参照し、形を整え、乾かして完成。

Handmade felt work 2

ラインコースター

Page 41

材　料（各１枚分）

〈生成×亜麻色ライン〉

●羊毛

スペインメリノ（生成）　5g

スペインメリノ（亜麻色）　少量

〈亜麻色×濃茶ライン〉

●羊毛

スペインメリノ（亜麻色）　5g

スペインメリノ（濃茶）　少量

できあがり寸法

縦12cm×横12cm

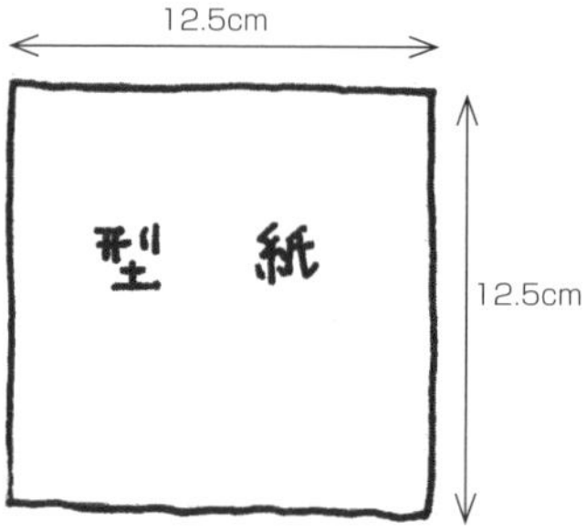

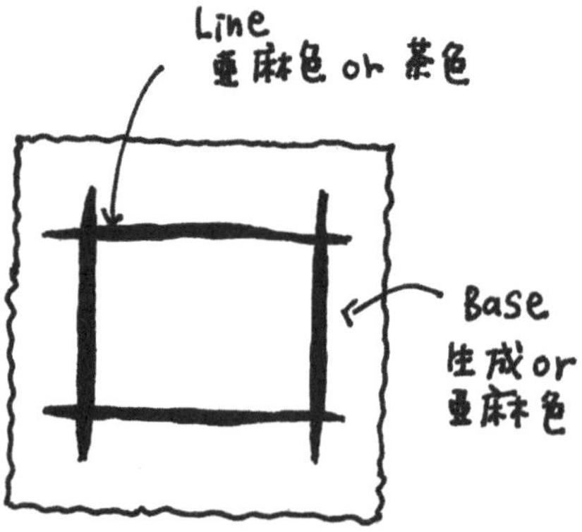

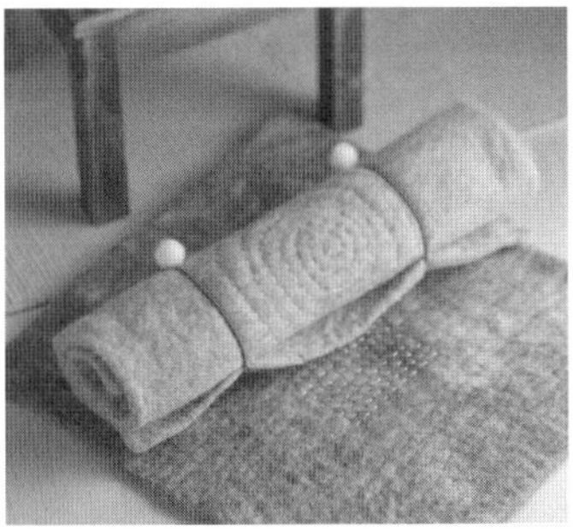

Handmade felt work 3

巻き座布団

Page 42

材　料（各１枚分）

〈ダーク〉

●羊毛

座布団　コリデールNZ／ロール（ダーク）　200g

ボール　植物染コリデール（黄色＋藍）　各10cm

●ゴム（ピンク）　約20cm

●市販のフェルト3.5cm角（ピンク）2枚

●刺し子用糸（白、赤）　適量

●縫い糸（白）　適量

〈ミディアム〉

●羊毛

座布団　コリデールNZ／ロール（ミディアム）　200g

ボール　スペインメリノ（生成）20cm

●ゴム（黄緑）　約20cm

●市販のフェルト3.5cm角（黄緑）2枚

●刺し子用糸（白、黄緑）　適量

●縫い糸（白）　適量

道　具

千枚通し／縫い針

できあがり寸法

縦40cm×横40cm

〈ダーク〉

1 コリデールNZダーク（ダークブラウン）を45cm×45cmの大きさにちぎり、羊毛の繊維を縦・横の順で重ねる（だいたい厚みが8cmになるように）。

2 シート・テクニック（P34）手順⑤〜⑬を参照し、フェルト化して乾かす。厚みがあり大きいのでフェルト化には時間がかかるが、丁寧に作業すること。

3 ボール・テクニックで、植物染コリデール黄色と藍を交ぜ合わせて黄緑色を作り、そこから少しずつ縦に分割し、直径2cmのフェルトボールをふたつ作る。

4 座布団の裏側を決めたら、刺し子の糸で座布団の模様をつける。刺し子模様の一部にゴムと同色の色を入れると、統一感が出る。フェルトボールの中心に千枚通しなどで穴を開け、ゴムを通し、ゴムの端を裏面の端に縫いつける。縫いつけた部分の上から、四角く切ったフェルト（市販）をニードルでさしつけて完成。

※バットとまきすは50cm×50cmが巻ける大きさを用意。

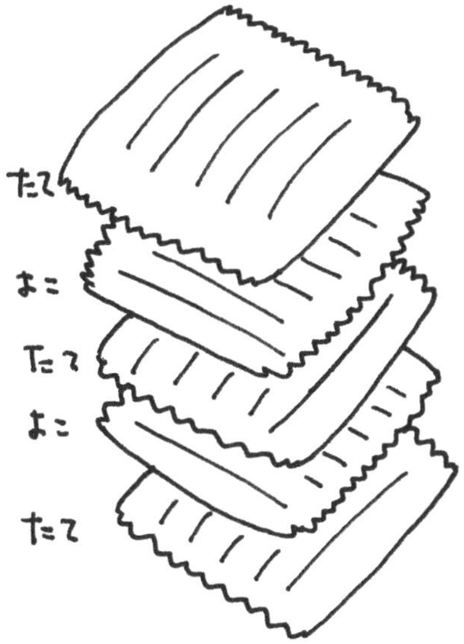

ロールを座布団の大きさに分割し、羊毛の繊維を縦・横の順になるよう重ねていく（目安は2.5層）。

ゴムは座布団に縫いつける。

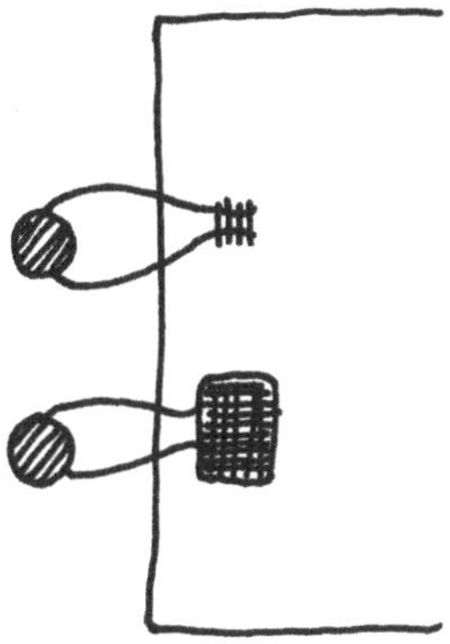

縫いつけた部分は、市販のフェルトを四角くしたものを上からかぶせるようにして、ニードルでさしつける。

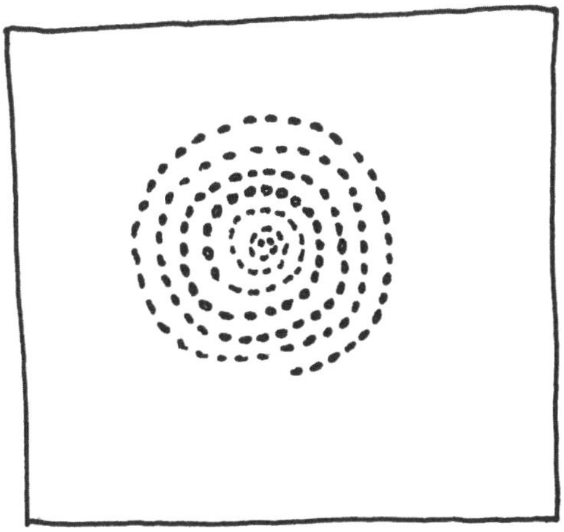

〈ミディアム〉
座布団の中心に刺し子をする。グルグルと渦を巻くようにさしていく。中心から3巻き目ぐらいまで赤色で模様をつけ、残りは白い糸で。

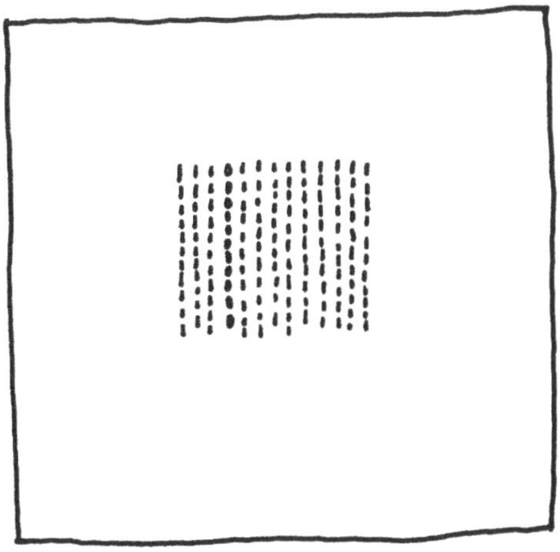

〈ダーク〉
縦ラインに白い糸で刺し子をする。左から４列目だけに黄緑色のラインを作る。

Handmade felt work 4

フェルトびん

Page 43

材 料（1個分）

●羊毛

メリノ（白）　20g

●ガラス瓶（高さ7㎝×底直径6㎝×口5㎝）

1個

できあがり寸法

高さ7.5cm　底直径6cm　口5.5cm

1 瓶の表面をお湯で濡らし、メリノ（白）をスライバーの状態から少し抜き取る。それを瓶に張りつけ、上からお湯をかける。羊毛に空気が入ったら、手でポンポンと軽く叩いて抜く。

2 瓶が透けなくなるまで、羊毛をつけて、瓶の口の内側まで張りつける。底部分は、置いた時に安定するように羊毛を薄く張る。

3 厚みが出たら、シート・テクニック（P34）手順⑦～⑪を参照して、フェルト化する。

4 水ですすぎ、サラダスピナーに瓶ごと入れて脱水し、水分を飛ばす。脱水する時は、洗濯機は危険なので使用しないこと。乾かす時は、瓶の口を下にする。

5 乾いたら完成。麻紐などを結んでもかわいい。

※できあがりの大きさや羊毛の量は、瓶の大きさによって異なります。

羊毛は親指のつけ根で押さえるように、
瓶に張りつけていく。

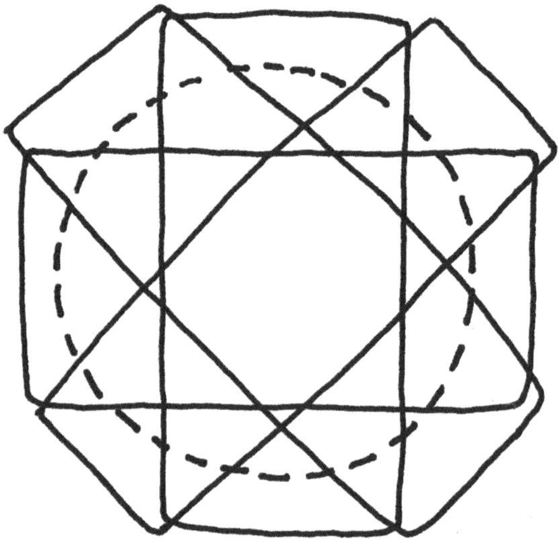

瓶の底部分は薄く、隙間のないように、
図の要領で羊毛を張りつけていく。

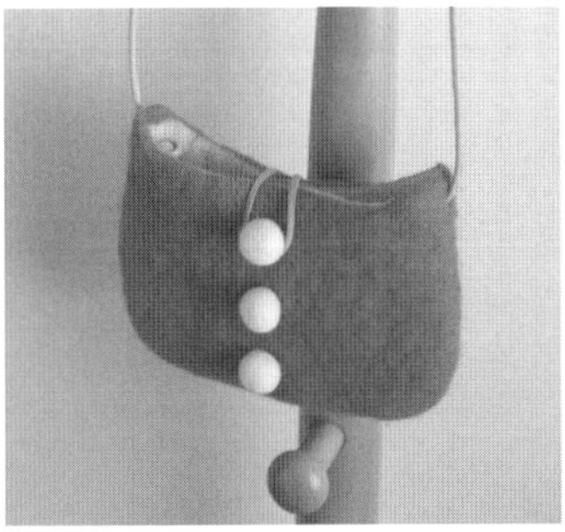

Handmade felt work 5

ミニポーチ

Page 44

材　料（1 個分）

●羊毛

ポーチ　植物染コリデール（スオウ濃）20g

　　　　スペインメリノ（生成）　20g

ボール　スペインメリノ（生成）　20㎝

●丸革紐ナチュラル（4㎜）　100㎝

●平革紐ナチュラル（4㎜幅2㎜厚）20㎝

道　具

千枚通し

できあがり寸法

縦16cm×横20cm（最大幅）

1 ポーチの型紙を図を参考にして作る。

2 パターン・テクニック（P36）の手順①～⑬を参照し、スペインメリノ（生成）を型紙の表裏に各３層分並べ、その上に植物染コリデールスオウ濃（赤）を表裏各１層分並べて、フェルト化する。

3 型紙を抜いたら、ポーチの口を図のようにカットし、パターン・テクニック手順⑭～⑰を参照し、形を整え乾かす。

4 スペインメリノ（生成）から少しずつ縦に分割し、ボール・テクニックで、直径 2cm のフェルトボールを３個作り、縦に並べてニードルでさしつける。針と糸で固定するとより丈夫になる。

5 ポーチの両端に千枚通しで穴を開け、丸革紐を通し、内側に結び目を作る。ポーチの後ろ側に平革紐の両端を縫いつけ、ループをフェルトボールにひっかけて、完成。

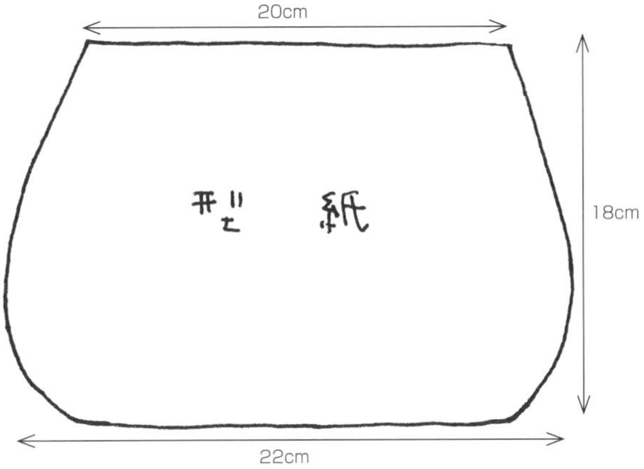

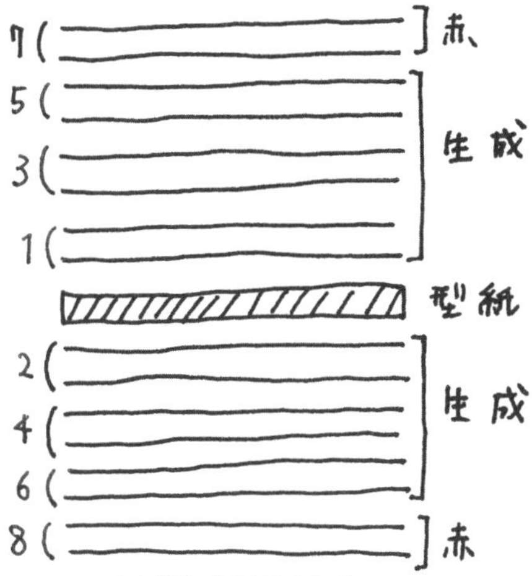

図の順番で羊毛を並べていく。

上を一度切って型紙を抜いてから、図のようにカットする。

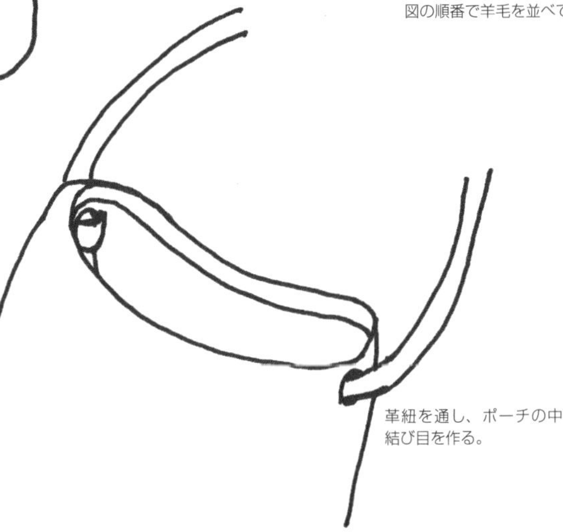

革紐を通し、ポーチの中で結び目を作る。

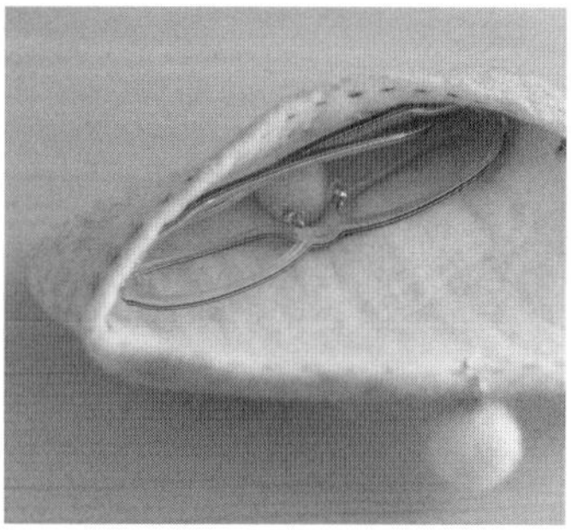

Handmade felt work 6

めがねケース

Page 45

材　料（1 個分）

●羊毛
　ケース　スペインメリノ（亜麻色）15g
　　　　　スペインメリノ（生成）　15g
　ボール　メリノ（白）／フリース 5㎝
●刺しゅう用毛糸（こげ茶）　適量
●丸カン（1.2×7㎜）　1個
●Tピン（0.8×3.5×3㎜）　1個

道　具

ヤットコ
千枚通し

できあがり寸法

縦9cm×横17.5cm

1. めがねケースの型紙を図を参考にして作る。
2. パターン・テクニック（P36）の手順①～⑬を参照し、スペインメリノ（生成）を型紙の表裏に各 3 層分並べ、その上にスペインメリノ（亜麻色）を表裏各 3 層並べてフェルト化する。
3. フェルトを図のようにカットし、パターン・テクニックの手順⑭～⑰を参照し、形を整えて乾かす。
4. こげ茶の毛糸で蓋のキワから 1cm のところをステッチする。
5. ボール・テクニックで、スペインメリノ（生成）で直径 2cm のフェルトボールを作る。
6. フェルトボールの中心に千枚通しで穴を開け、T ピンを入れ、先をヤットコで丸める。蓋の中心に千枚通しで穴を開け、丸カンを通して、フェルトボールに通した T ピンにつなげる。
7. めがねをひっかけるでっぱりをスペインメリノ（生成）でボール・テクニックを応用して三角形を作り、ニードルで留めつけて完成。

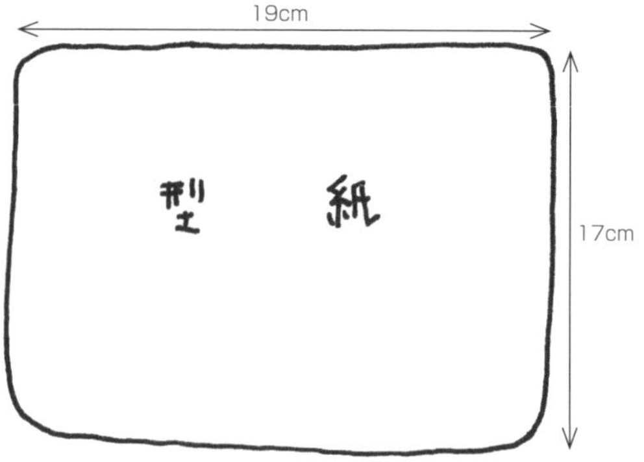

フェルトの上をカットして型紙を抜き、手前のフェルトは図の実線を、後ろのフェルトは図の点線をハサミで切る。

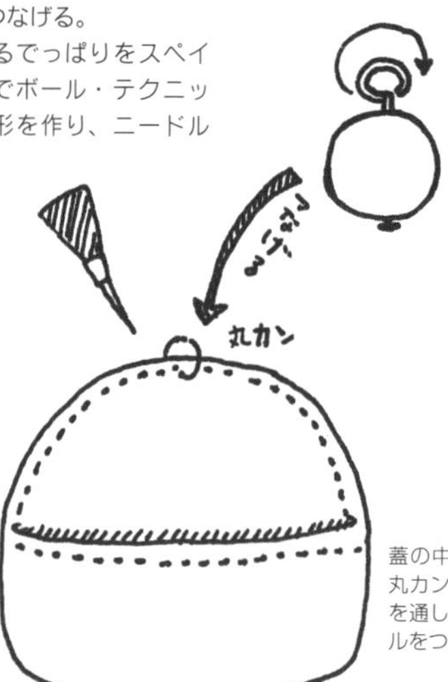

蓋の中心に穴を空け、丸カンを通し、T ピンを通したフェルトボールをつける。

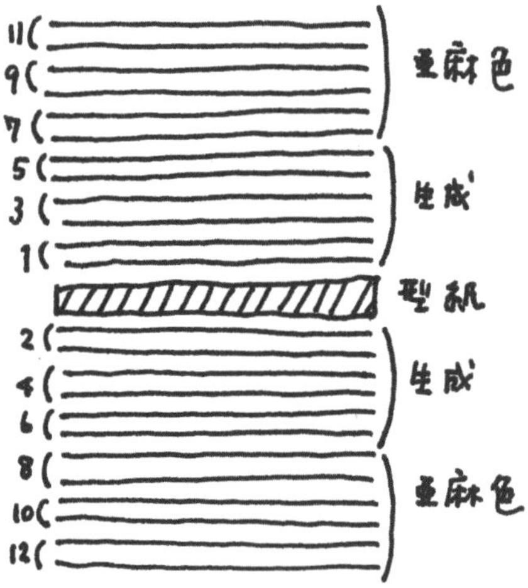

図の順番に羊毛を並べていく。

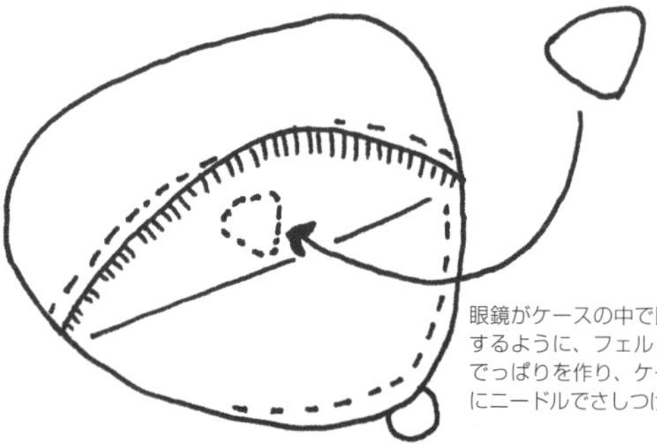

眼鏡がケースの中で固定するするように、フェルトで鼻のでっぱりを作り、ケースの中にニードルでさしつける。

Handmade felt work 7

カードケース

Page 45

材　料（1 個分）

●羊毛
　手作りメリノ（ダーク）　10g
　手作りメリノ（ライト）　10g
●カードケース用12枚収納ケース（10×7㎝）1個
●平革紐5㎜幅2㎜厚（レッドブラウン）70㎜
※丸カン（1.2×7㎜）

道　具

ヤットコ
千枚通し

できあがり寸法

縦7.5cm×横12.5cm

1 カードケースの型紙を作る。
2 パターン・テクニック（P36）の手順①〜⑬を参照し、手作りメリノ（ライト）を型紙の表裏に各２層分並べ、その上に手作りメリノ（ダーク）を表裏各３層分並べて、フェルト化する。
3 フェルトを図のようにカットし、パターン・テクニックの手順⑭〜⑰を参照し、形を整え乾かす。
4 千枚通しで図の位置に穴を開けて広げ、革紐を通す。革紐の先を結ぶか丸カンで図のように留めるかして完成。カードケースをさし込んで使う。

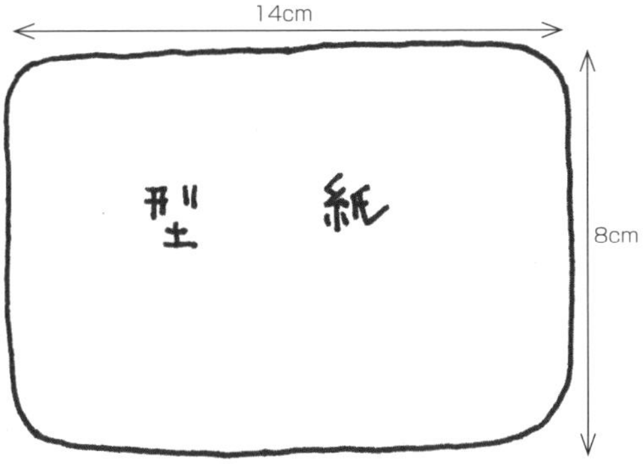

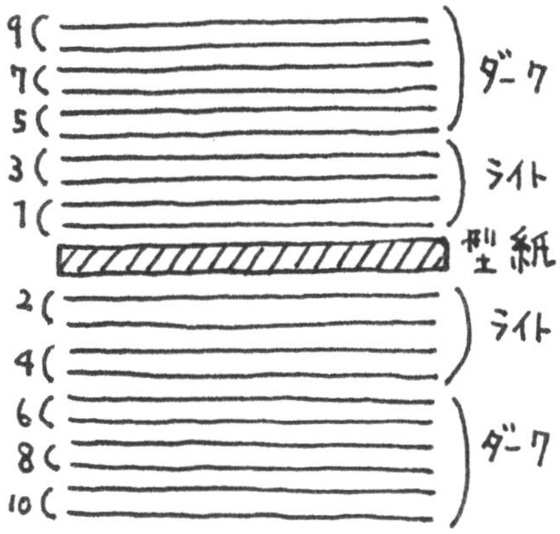

図の順番に羊毛を並べていく。

右端中央に革紐を通す穴を開ける。

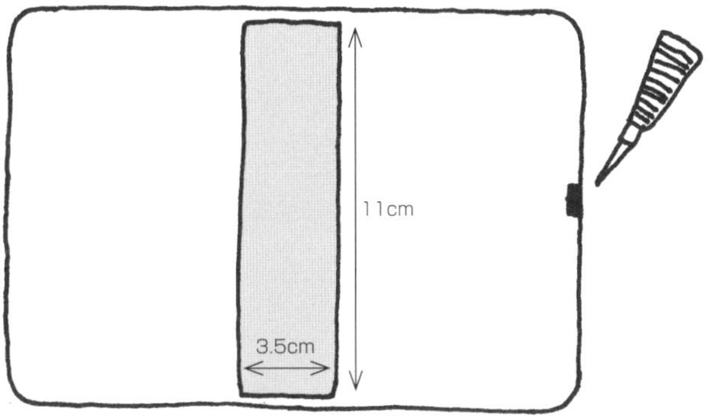

フェルトの真ん中を図のようにカットする。

革紐で結び目を作る。

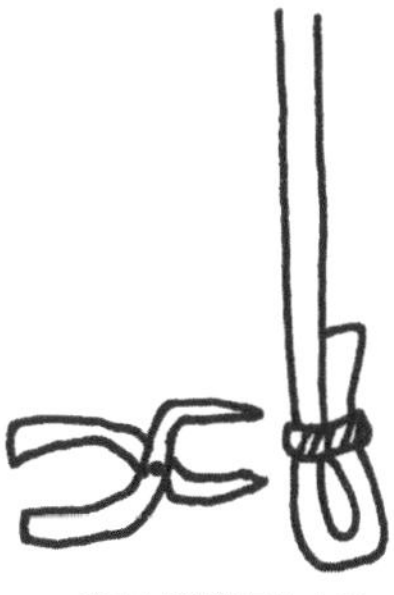
または革紐を丸カンで留め、ヤットコでつぶす。

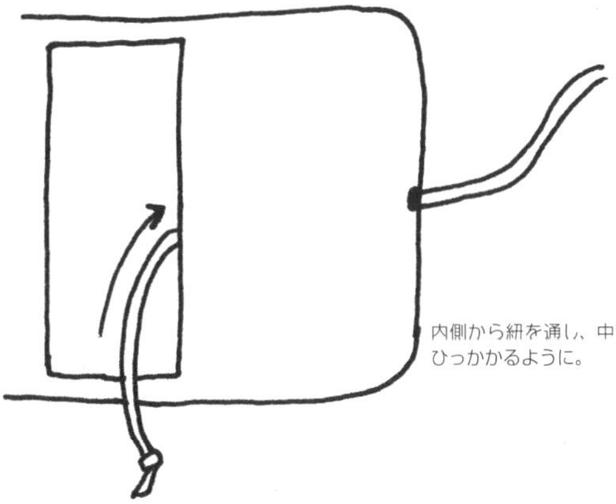
内側から紐を通し、中で結び目がひっかかるように。

Handmade felt work 8

ウールガーゼブランケット

Page 46

材　料（1枚分）

- ●羊毛
  メリノ（茜染め）　70g
- ●ウールガーゼ（淡ピンク）105㎝×75㎝
- ●ループ毛糸（リッチモアコアラCOL.1）
  約400㎝
- ●刺しゅう用毛糸（ピンク、黄土色、
  オフホワイト、黄緑、水色）　適量

できあがり寸法

縦100cm×横70cm

1 大きいバットを用意し、図のようにウールガーゼを置き、ガーゼ・テクニック（P38）手順①～⑦を参照しメリノ（茜染め）を載せ、フェルト化する。バットに置いてある分を仕上げたら上部を巻き取り、新しい部分をフェルト化する。

2 すべてにフェルト化ができたら、ガーゼ・テクニックの仕上げ2を参照し、ガーゼからはみ出した羊毛をハサミでカットする。カットしたフチは、手袋をはめ、お湯と石けんをつけた手で優しくなでて、切り口を馴染ませる。

3 フェルト化したブランケットのフチにループ毛糸をまとめ用でさしていく。この時、ブランケットのフチをループ毛糸で挟み込むようにしてさしていく。ウールガーゼの面の角にアップリケ・テクニックで毛糸のお花とラインを入れて完成。イニシャルでもかわいい。

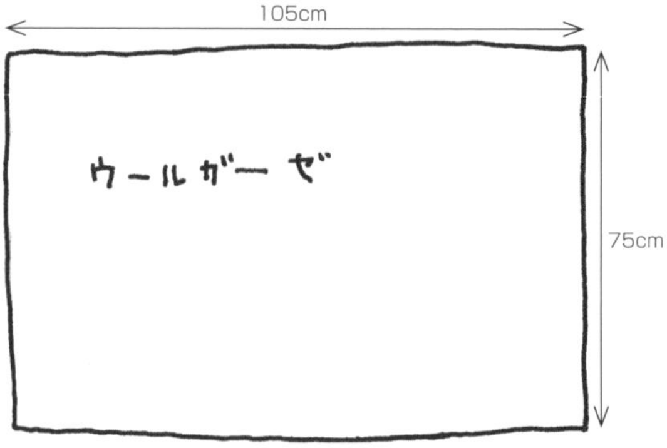

大きめのバットを用意しておくと便利。

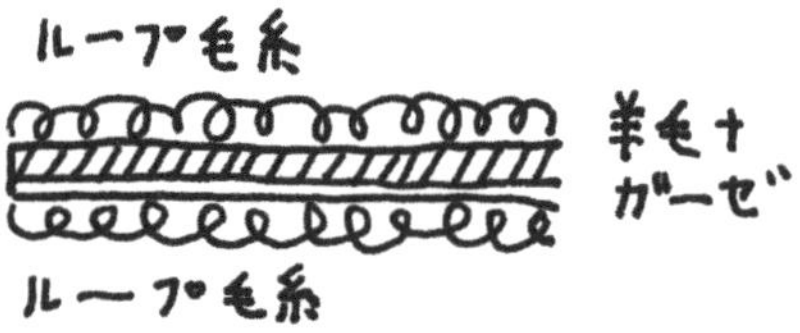

ブランケットの端は羊毛とガーゼを挟むように、両側から毛糸をさしつけていく。

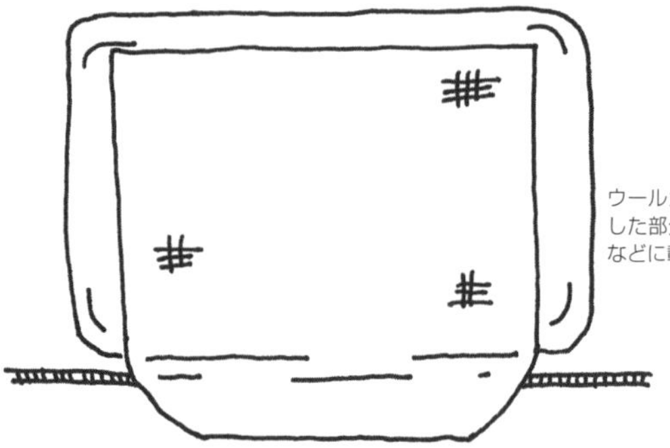

ウールガーゼはバットからはみ出した部分を手前にたらし、膝の上などに載せておく。

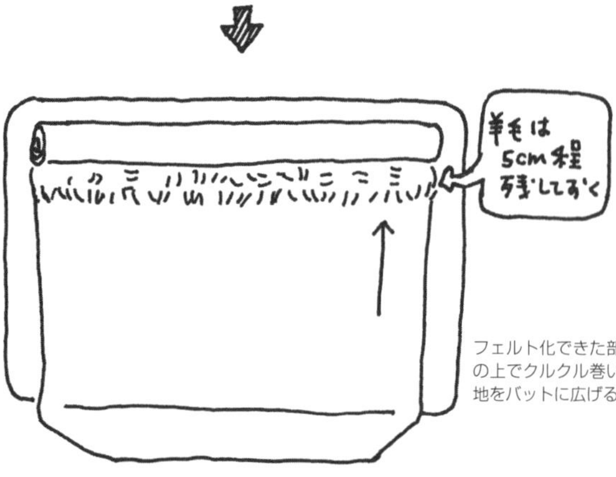

フェルト化できた部分は、バットの上でクルクル巻いて、新しい生地をバットに広げる。

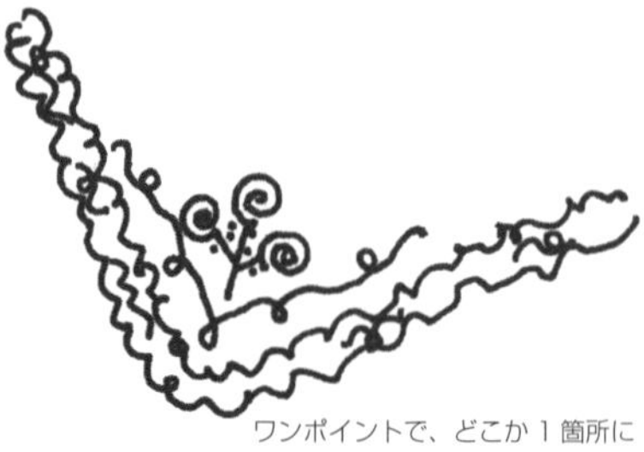

ワンポイントで、どこか1箇所に刺しゅうをする。

Handmade felt work 9

ダブルガーゼマフラー

Page 47

材　料（1 枚分）

●羊毛
スペインメリノ（生成）　20g
●ダブルガーゼ（ブラウンギンガムチェック）
180㎝×20㎝
●ケミカルレース　50㎝

できあがり寸法

長さ180cm×幅17cm

1 バットの中に図のようにダブルガーゼを置き、ガーゼ・テクニック（P38）手順①～⑦を参照し、ダブルガーゼの上にスペインメリノ（生成）の繊維を横・縦の順で 1 層分乗せ、フェルト化する。この時、右端の羊毛約 5cm はお湯をかけずにそのまま残しておく。

2 左端から巻いて、濡れていない 5cm 残した羊毛をバット内に残し、ダブルガーゼの新しい部分を引き出し、1 を繰り返す。

3 すべてフェルト化したら、ガーゼ・テクニックの仕上げ 2 を参照し、周囲のはみ出した羊毛をカットし、切り端を優しくなでつける。その後、水ですすぎ、乾かす。

4 マフラーの両端（フェルト面）にケミカルレースをかえし縫いでつけて完成。

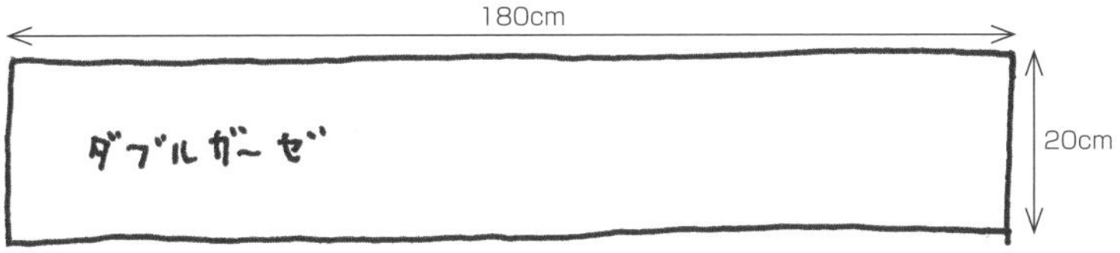

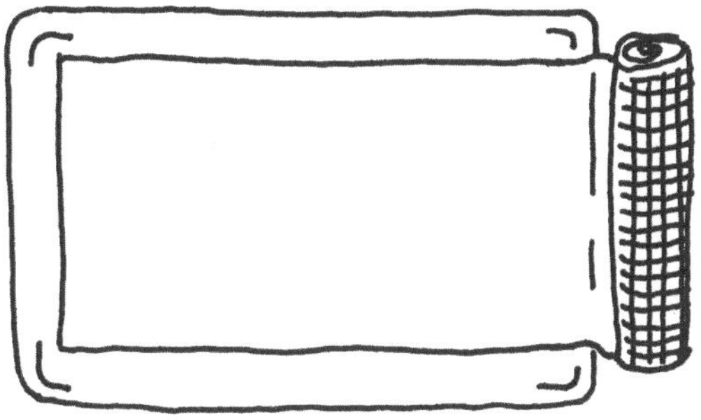

余った生地はバットの右端外に置いておく。

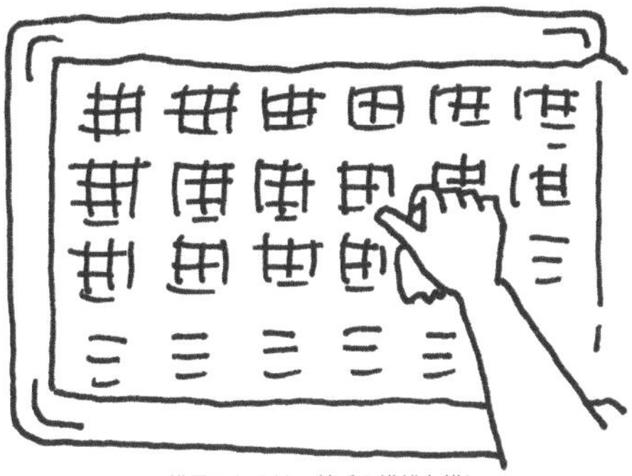

横長のものは、羊毛の繊維を横に置いてから、縦に置く。

右端 5cm は、お湯をかけずに残しておく。

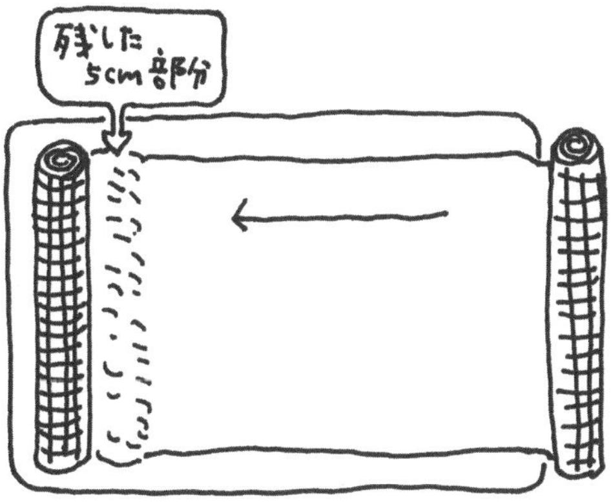

残した 5cm を左側に持っていき、フェルト化した生地は左端に巻いておく。

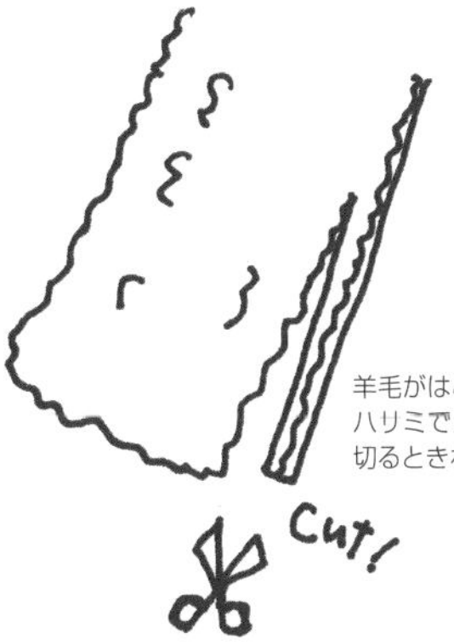

羊毛がはみ出したフチの部分はハサミでカット、生地も一緒に切るときれいな仕上がりに。

Needle & Handmade felt work

メッセージカード

Page 48

1 ベースの白、地球の水色はシート・テクニックの要領で作る。地球はフェルトシートを作った後にまるくカットし、フチは、お湯と石けんをつけた手でなでて、なだらかにする。動物などのパーツを、凸・テクニック、模様・テクニック、サンドイッチカード・テクニック、植毛・テクニックを使って作る。

2 それぞれのパーツを、図を参考に作り、ベースの上に配置してさしつけていく。

3 台紙にボンドをつけて、フェルトを張り、四隅にロムニー（深緑）で木の葉部分をつけ、幹部分は色えんぴつで描き、カードケースに入れて完成。

材　料

●羊毛

ベース	スペインメリノ（生成）	40㎝
海	ロムニー（スカイブルー）	30㎝
大陸	メリノ（M－26）	少量
	メリノ（M－95）	少量
太陽	ロムニー（赤）	少量
月	ロムニー（黄色）	少量
木	ロムニー（深緑）	少量
シロクマ	メリノトップ（白）	20㎝1/6
	メリノ（M－78）	少量
カメ	メリノ（M－54）	20㎝1/6
	メリノ（M－88）	少量
象	メリノ（M－82）	20㎝1/6
	メリノトップ（白）	少量
	メリノトップ（M－78）	少量
子供1	メリノ（M－88）	20㎝1/6
	メリノ（M－78）	少量
	メリノ（M－60）	少量
	メリノ（M－93）	少量
	アルパカ（茶色）	少量
子供2	メリノ（M－54）	20㎝1/6
	メリノ（M－60）	少量
	トップ（白）＋メリノ（M－78）	少量
	●毛糸（黒）	20㎝
子供3	メリノトップ（白）	20㎝1/6
	メリノ（M－6）	少量
	メリノ（M－60）	少量
	メリノ（M－93）	少量
	●毛糸（ベージュ）	20㎝

●深めのカードケース
（縦13㎝×横18㎝　×高さ1.5㎝）１個

道　具

ボンド
サンドイッチカード

できあがり寸法

縦13cm×横18cm×高さ1.5cm

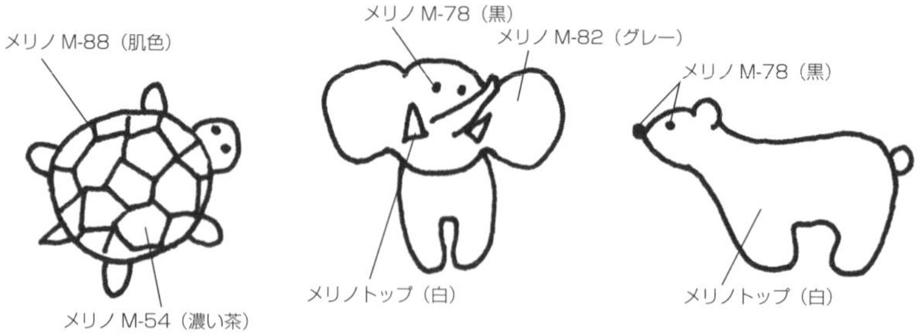

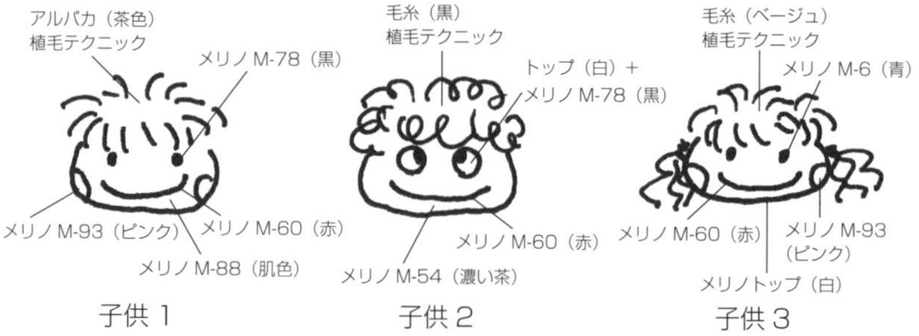

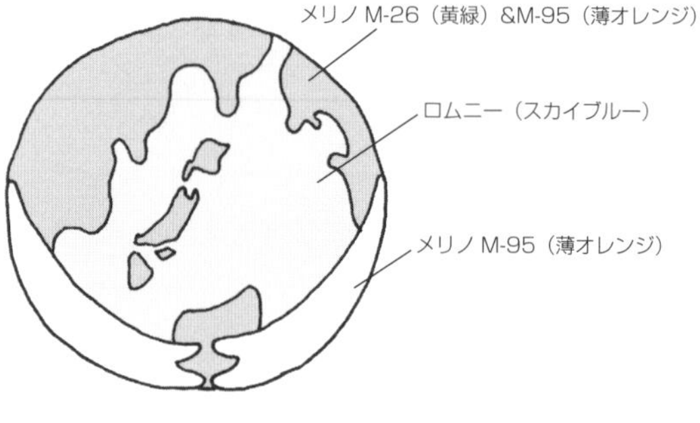

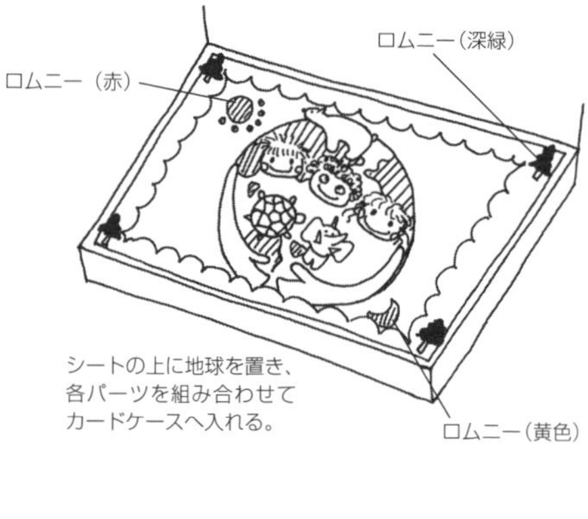

Profile 著者プロフィール

佐々木 伸子（ささき のぶこ）

羊毛フェルト作家。一般社団法人 日本羊毛フェルト協会 代表理事。『Ncrimp』主宰。
幼い頃から伝統手芸の師範でもある母の手作りに触れ、手作りの基礎から楽しさ、豊かさを身近に感じながら育つ。14 年間スポーツインストラクターの指導に携わり、2001 年、羊毛フェルトに出会い、2011 年「一般社団法人 日本羊毛フェルト協会《を設立。羊毛と異素材を組み合わせた独自性には定評がある。現在は「急がず、丁寧に、楽しんで《をモットーに、羊毛フェルト作家の育成や啓蒙活動に全国を飛び回り、企業の商品開発に携わるなど多岐にわたって活躍中。
著書に『ニードルフェルトでつくる和のスイーツ』（グラフィック社）、『羊毛フェルトアイデアブック』『型紙で作る羊毛フェルト - 新しいスタイル、フレームフェルト』（以上、河出書房新社）、『羊毛フェルトで作る くたっとかわいい森の動物たち』『羊毛フェルトで作るがまぐちブック』（以上、日東書院）、『羊毛フェルトのブローチ』（成美堂出版）など多数。

日本羊毛フェルト協会 WEB ▶ http://woolfelt.jp/

【おすすめのお店】

＜羊毛＞

●羊の工房　パオ
http://www.pao-hituji.com/akagi/
群馬県の赤城山の麓にある羊毛屋さん。国産羊毛も充実していて羊毛に関して
色々な相談に乗ってくれる心強いお店です。10g から販売しています。

●アナンダ　東京吉祥寺店
https://ananda.jp/
パオはアナンダの姉妹店。東京に唯一の羊毛専門店で海外からの羊毛が豊富。
本店からの通販も行っています。紡ぎ、織り、染め、またフェルトの講習会も毎日行っています。

＜石けん＞

●まるは油脂化学株式会社
やさしくなりたい 石けん
http://www.nanairo.co.jp/
無添加の石けん素地にハーブを加えたさわやかな石けん。
ハーブの香りで気持ちよくハンドメイドフェルトが作れます。

●本宮石鹼工業所
サンダーレッド純粉石鹼
https://www.thunder-red.jp
洗浄力がバツグンの大豆油を使った粉石けん。
フリースを洗う時に大活躍！もちろんハンドメイドフェルトでも使えます。

＜クッキーカッター＞

●クッキーカッター cookiebee
http://www.cookiebee.com/
種類が豊富で、見ていて楽しいネットショップ。
セットでそろえることもできます。

● 3 cookies
http://blog.livedoor.jp/three_cookies/
オリジナルで製作しているクッキーカッター。
とっても形がかわいいので、クッキーテクでは大活躍です。
おやつと雑貨のお店 spoonful のホームページから購入できます。

＜布＞

●安田商店 3 丁目店
http://www.cotton-yasuda.com/
東京・日暮里にある、ダブルガーゼや麻などを豊富に取りそろえている布問屋さん。
洗った状態の生地見本が見られるので安心して購入できます。
布に関する相談にも乗ってくれる、作り手には心強いお店です。

s t a f f

企画・構成	藤川佳子（有限会社 ダンク）
デザイン	五月女直子（有限会社 ダンク）
表紙デザイン	いわながさとこ
撮　　影	島袋一雄（有限会社 シマスタジオ）
	鹿又聡恵（有限会社 シマスタジオ）
表紙撮影	わだりか（mobiile）
表紙スタイリング	大島有華
作り方ページ制作	Mojic
イラストレーション	ペリカン ヨシコ

参考文献
『フェルトメーキング ウールマジック』ジョリー・ジョンソン（青幻舎）

本書の内容に関するお問い合わせは、お手紙かメール（jitsuyou@kawade.co.jp）にて承ります。恐縮ですが、お電話でのお問い合わせはご遠慮くださいますようお願いいたします。

＊本書は2015年1月に小社より刊行された『羊毛フェルト基礎テクニックBOOK』を新装したものです。

新装版 羊毛フェルト基礎テクニックBOOK

2015年 1 月30日　初版発行
2021年 5 月20日　新装版初版印刷
2021年 5 月30日　新装版初版発行

著　者　佐々木伸子
発行者　小野寺優
発行所　株式会社河出書房新社
〒151-0051
東京都渋谷区千駄ヶ谷2-32-2
電話　03-3404-1201（営業）
03-3404-8611（編集）
https://www.kawade.co.jp/

印刷・製本　図書印刷株式会社

Printed in Japan
ISBN978-4-309-28888-8